용서는 축복이다

이 소중한 책을

특별히 _____님께

드립니다.

용서는 축복이다

한철유 선교사

나침반

삶이 고달프고 힘들어서
포기하고 싶은 분들에게
용서의 힘을 나누고 싶습니다

아픈 과거를 말하는 것이 얼마나 고통스러운지 모릅니다.

그 고통을 이겨내면서 자신의 치부를 공개하는 것처럼 힘든 일은 없습니다.

이 모든 것을 생각하지 않고, 집필하게 된 것은 하나님의 은혜로 살아가는 제 이야기를 듣고 누군가도 비전을 갖고, 소망을 이루는 행복한 삶이 되기를 바라는 마음에서입니다.

술, 담배뿐만 아니라 폭력적으로 살고, 가출, 자살 시도를 세 번 했으며, 인생을 포기하고, 방탕한 생활을 했던 저는 어머니의 기도로 목회자가 되었습니다.

이혼 후 집을 나간 아버지께서 막노동을 하며 고시원에서 산다는 소식을 13년 만에 듣고, 저는 어머니 앞에 무릎을 꿇었습니다. 그리고 "아버지를 용서하고 집으로 모시고 와서 삽시다"라고 부탁했습니다.

어머니께서는 잠시 생각하시고는 "너의 뜻이 그러면 그렇게 하자"라고 말씀하셨습니다. 저는 곧바로 아버지를 집으로 모시고 와서 복음을 전하고, 신앙생활을 할 수 있도록 했습니다. 아버지는 지금까지 천국을 바라보시면서 행복하게 살고 계십니다.

가끔 한국에 왔다가 선교지로 돌아가기 하루 전에 아버지의 손을 잡고 여쭙니다.
"아버지, 지금이라도 돌아가시면 천국에 들어가실 수 있어요?"
그러면 아버지는 "그럼"이라고 말씀하십니다.
저는 눈물을 흘리며 아버지를 안고 축복의 기도를 하고, 마음에 평안을 가지고 선교지로 돌아갑니다.

삶이 힘들어 방황하는 청소년과 청년들에게 비전을 심어주고 싶고, 인생이 고달프고 힘들어서 포기하고 싶은 남편과 아내들에게 용서라는 것이 얼마나 중요한지를 전하고 싶어서 글을 쓰게 되었습니다.

못나고 악한 저에게 하나님께서 큰 사랑을 주셨습니다.
이제야 속 시원하게 저의 마음을 담아 모든 사람에게 저의 모든 것을 전하게 되었습니다.

나를 용서해 주신 하나님을 통해 아버지를 용서할 수 있었습니다.

이렇게 인도하신 하나님을 찬양하고 싶습니다.

쓰레기 같은 사람을 변화시키셔서 사용하시는 하나님을 자랑하고, 전하고 싶습니다.

벌레만도 못한 자를 용서하신 하나님을 소개하고 싶습니다.

지금 자살 충동이나 우울증 등 여러 가지 고통 속에서 방황하는 청소년들에게, 비전이 없는 젊은이들에게 회복과 비전을 주고 싶습니다.

살아계신 하나님을 믿고 그분을 의지하고 기도하면 모든 것이 다 해결된다는 것을 가르쳐 주고 싶습니다. 회복되고 변화되고 고침 받고 비전을 갖게 된다는 것을 말입니다.

그리고 하나님께서 그 비전을 꼭 이루어 주신다는 것을 믿게 하고 싶습니다.

자녀와 남편 그리고 다양한 가정의 문제를 가지고 힘겹게 살아가는 어머니들에게 희망을 전하고 싶습니다.

이 책을 읽고 가정에 평화와 구원의 참 기쁨이 충만하기를 소망하며 주님의 이름으로 간절히 축복합니다.

k국(이슬람)에서
한 선교사

목차

인사말 … 5

1. 하나님의 뜻 … *11*

2. 범사에 감사하라 … *18*

3. 쉬지 말고 기도하라 … *25*

4. 항상 기뻐하라 … *38*

5. 사랑의 힘은 용서로부터 … *42*

6. 스데반의 용서 … *46*

7. 바울의 용서 … *54*

8. 바나바의 용서 … *59*

9. 에서의 용서 … *63*

10. 요셉의 용서 … *66*

11. 예수님의 용서 … *69*

12. 하나님의 용서 … *104*

13. 나의 아버지 … *120*

14. 어머니의 기도였습니다 … *125*

15. 난독증이 생기다 … *134*

16. 성령의 체험 ··· *139*

17. 죽음이란? ··· *144*

18. 방탕한 생활 ··· *150*

19. 폭력자가 되다 ··· *157*

20. 아버지를 죽이기로 마음을 먹다 ··· *165*

21. 다 끊어라! 다 버려라 ··· *175*

22. 나 자신과의 싸움 ··· *179*

23. 하나님이 너를 사랑하신다 ··· *184*

24. 한 우물만 파라 ··· *187*

25. 선교원을 운영하다 ··· *197*

26. 천사 셋 ··· *202*

27. 요한복음 20장 22절 ··· *210*

"항상 기뻐하라 쉬지 말고 기도하라 범사에 감사하라
이것이 그리스도 예수 안에서 너희를 향하신
하나님의 뜻이니라"(살전 5:16-18)

1

하나님의 뜻

신학생 시절이었습니다.

점심시간에 구내식당에서 1,600원짜리 밥을 먹는데 같이 공부하는 동생이 앞자리에 앉으며 "형, 여기 앉아서 먹어도 돼요?"라고 물었습니다. "그럼, 앉아"라고 하자 동생은 가방에서 도시락을 꺼낸 후 눈을 감고 간절히 기도를 했습니다.

그 후 쌀밥을 한 숟가락 먹으면서 "형, 김치 하나만 먹으면 안 돼요?"라고 웃으며 물었습니다. "너, 반찬은 없니?"라고 묻자 "집에 쌀만 남아서요…"라며 웃었습니다.

시골에서 부모님이 보내주신 반찬을 다 먹고 맨밥만 먹으면서 지낸다는 동생의 말에 "다음부터 형한테 말해. 점심 정도는 사 줄 수 있어"라고 하자 동생은 "형, 나는 이렇게 맨밥만 먹어도 감사해요"라며 웃으면서 말했습니다.

저는 그때 감사라는 것을 새삼 깨달았습니다.

반찬도 없는 밥을 맛있게 먹는 동생을 보면서 밥이 목으로 넘어가지 않았습니다.

식사 후 "형이 후식으로 아이스크림 살게"라고 말하고는 스크류 바 두 개를 사서 하나를 동생에게 주고 먹으려는데 동생이 스크류 바를 손에 들고서는 기도를 했습니다.

"하나님! 우리 철유 형님, 하늘의 신령한 복으로 땅에 기름진 복으로 채워주시고, 담장 너머로 뻗은 저 가지처럼 영향력 있는 귀한 하나님의 사람으로 세워 주시고, 복의 복을 더하사 나가도 복을 받고, 들어가도 복을 받고, 떡 반죽 그릇에도 차고 넘치는 하나님의 사랑으로 채워주소서. 예수님의 이름으로 기도드립니다. 아멘!"

밥을 먹을 때 기도했으면 됐지 후식 앞에서도 기도하는 동생 때문에 저는 어쩔 수 없이 스크류 바를 입에 넣은 채로 눈을 감고 기도했습니다. 그런데 신학생이 스크류 바를 입에 넣고 기도하는 건 하나님에 대한 예의가 아니라고 생각해 스크류 바를 입에서 빼려고 하는데 입술과 혀에 달라붙어서 떨어지지 않았습니다. 그래도 상대방이 이렇게 축복하면서 기도를 하는 모습에 억지로라도 스크류 바를 떼려고 해도 떨어지지 않아 저는 동생의 기도가 끝날 때까지 스크류 바와 침을 흘리면서 기도를 할 수밖에 없었습니다.

그런데 동생이 얼마나 크게 기도를 하는지 주변에 많은 신학생이 쳐다보면서 지나가기도 하고 저를 아는 전도사님은 킥킥킥 웃으면서 옆에 앉아서 이 광경을 지켜보았습니다. 기도가 끝난 후 순수하고 해맑게 웃으면서 마치 스크류 바를 처음 먹는 것처럼 맛있게 먹는 동생의 얼굴을 보면서 마음이 찡했습니다. 스크류 바를 어찌나 빨리, 맛있게 잘 먹는지 저도 모르게 동생을 사랑의 눈으로 쳐다보았던 기억이 어제 일처럼 생생합니다.

어느 여자 집사님의 이야기입니다.
교회 안에서는 마음에 드는 남자가 없어 사회생활을 하다가 만난 괜찮은 남자와 결혼을 했습니다. 그런데 남편이 얼마나 술을 좋아하는지 일주일에 4-5일 술을 먹어 힘들었습니다. 남편 때문에 새벽 기도, 금식 기도를 하고 애원을 해봐도 소용이 없었습니다.
교회 부흥회가 있던 날 부흥 강사님의 "그래도 감사하라"라는 말씀에 은혜를 받고 집에 왔는데 남편이 술이 떡이 돼서 거실 바닥에 누워있었습니다. 은혜는 금방 사라지고 화가 나서 발가락으로 코를 고는 남편의 코를 눌렀는데도 화가 안 풀려서 발로 엉덩이를 찼는데도 남편은 꿈쩍도 않고 코를 골면서 잤습니다.
"하나님! 저 어떻게 해요. 더는 못 살겠어요"라고 짜증과 함께 속상해서 울다가 그래도 부흥회 때 받은 은혜가 있어서인지 남편의 손을 잡고 기도를 했습니다.

그런데 지금까지 남편이 술을 먹고 술주정 안 부리고, 폭력성이 없는 게 얼마나 감사한지 "주여! 감사합니다"라는 말이 입에서 절로 나왔습니다. 남들은 술만 먹으면 사고치고 소란 피우고, 횡설수설 주정을 하는데 남편은 집도 잘 찾아오고 길거리에서 잔 적도 없고, 옆집에 폐를 끼친 적도 없고 이렇게 술 먹고 집을 잘 찾아온 것이 너~무 감사해서 "주여! 집 잘 찾아온 우리 남편 겨울에 길에서 쓰러져 잔 적도 없이 잘 들어와서 감사합니다"라고 자연스럽게 감사의 기도가 흘러나왔습니다.

술 먹고 들어 온 다음 날에는 남편 지갑에서 돈을 빼도 몰라서 그 돈으로 헌금도 하고 오히려 큰소리치면서 "집 청소하고 있어! 나 교회 모임 있어서 갔다 와야 해! 늦어!"라고 말하면 "어, 어… 알았어 갔다 와"라면서 말을 잘 듣는 것이 너~무 감사해서 "하나님, 감사합니다"라고 눈물을 흘리면서 기도를 하는데 남편이 갑자기 눈을 뜨면서 "어, 당신 왜, 울어? 어… 무슨 일 있어?"라고 물어보았습니다.

그래서 "아니, 그냥 감사해서"라고 말하고 울면서 계속 기도를 하니까 남편이 꼭 껴안아 주면서 "미안해…. 알아. 꺼억~ 당신 마음. 내가~ 진짜 이번에 술 끊고 당신이랑 교회 같이 나갈게…. 응"이라고 말하더니 진짜 그 주에 그 약속을 지키고 신앙생활을 했습니다.

이렇게 감사한 이야기도 있지만 사역을 하다 보면 너무 마음 아픈 일들이 많습니다.

교구 목사로 사역을 할 때 교회에 새로 등록한 새 신자가 아이를 낳았는데 소아암으로 고통 가운데 있었습니다. 교회라도 나가서 기도하자고 해서 오셨는데 이 가슴 아픈 이야기를 듣고, 저는 목사로서 할 일이 없었습니다. 오직 기도밖에…. 그래서 새벽 기도가 끝난 후 평촌에서 신촌에 있는 연세세브란스병원까지 가게 되었습니다. 기도를 해주는 게 제 마음이 편해서 그렇게 정하고 월요일에 가서 기도해 주고 오는데 몸이 피곤했지만, 마음에 평안함이 있었습니다.

다음날에도 새벽 기도를 마치고 병원으로 갔습니다.

조용히 병실로 들어가서 기도를 하고 나오는데 옆 침실에서 "저… 목사님이세요?"라고 차분한 목소리로 여자분이 물었습니다. "네"라고 대답하자 촉촉한 눈으로 "목사님, 우리 아이도 기도해 주실 수 있으세요?"라고 부탁하셨습니다. 저는 침대로 다가가 누워있는 남학생을 가까이서 봤습니다. 얼마나 잘생겼는지 모릅니다.

"이 학생은 어떤 일로 이렇게…"라고 묻자 눈물을 훔치면서 "축구 선수였는데 합숙 훈련 중 다 같이 운동장 몇 바퀴를 뛰었는데 갑자기 아이가 쓰러져서 응급실로 옮겼다는 거예요. 제가 전화를 받고 달려갔더니…. 식물인간이 되었어요"라는 이야기를 듣고, 저는 이 학생이 다시 일어나서 걷고, 뛰고, 움직이기를 간절히 소망하면서 기도를 했습니다.

기도 후에 그 어머니는 저에게 이렇게 이야기했습니다.
"목사님, 제가 아들 때문에 굿도 해보고, 절에 가서 불공도 드려보고, 별짓을 다 했는데도 아들이 눈 하나 깜빡이지 않는 거예요. 그런데 어느 날 병원 원목 목사님이 오셔서 기도해 주시고 마지막에 "예수님의 이름으로 기도합니다. 아멘"이라고 하는데 아이의 눈에서 눈물이 주르륵 흐르는 거예요. 그래서 제가 그때부터 예수님을 믿기 시작했어요"라고 말씀하셨습니다.

저는 그 어머니의 손을 잡고, 위로의 기도를 해드리고 병실을 나오려고 하는데 바로 옆에 아주머니가 또 저를 붙잡고 "목사님, 우리 딸을 위해서도 기도해 주세요"라고 부탁하셨습니다.
저는 그 옆 침실로 갔습니다. 그곳에는 초등학생으로 보이는 여자가 누워있었습니다. 저는 "따님은 어떤 일로 이렇게 되었나요?"라고 안타까운 눈으로 물어보았습니다. 그러자 그 아주머니는 눈물을 흘리면서 "저는 000 집사입니다. 우리 딸은 여름에 계곡으로 친구들하고 놀러 가서 수영하고 놀다가 잘못돼서 이렇게 … 응급실에서는 손도 발도 움직이고 했는데…"라며 우시느라 말을 잇지 못하셨습니다. 저는 그 집사님과 따님을 위해 기도를 하고 나왔습니다.

그런데 생후 3개월 정도 된 아기를 안고 있는 엄마가 저를 부르면서 "목사님, 제 딸을 위해서도 기도해 주세요"라고 했습니다. 아기의 입에는 호수가 두 개나 연결되어 있었습니다.

"아기는 어디가 아픈가요?"라고 묻자 "태어날 때부터 식도가 막혀서 이렇게 인위적으로 젖을 먹이고 있어요"라고 했습니다. 제가 "수술하면 안 되나요?"라고 묻자 "태어난 지 1년이 지나야 수술할 수 있어요. 이 아이 언니도 이렇게 태어나서 너무 힘들었는데 동생도 이렇게 태어났네요"라고 말하면서 울었습니다.

저는 눈물이 나고, 목이 메어서 목소리가 제대로 나오지 않아 아기 머리에 손을 얹고 소리 없이 기도하고 나왔습니다.

주차장까지 걸어가면서 제 입과 마음에는 계속 "하나님 감사합니다. 감사합니다. 찬양할 수 있는 입을 주셔서 감사합니다. 숨을 쉴 수 있도록 해 주셔서 감사합니다. 감사합니다. 걸을 수 있게 해 주셔서 감사합니다. 주여, 감사합니다"라는 기도가 흘러나왔습니다.

집으로 돌아오는 차 안에서도 감사와 찬양이 입에서 떠나지 않았습니다.

2

범사에 감사하라

우리는 기쁜 일도, 슬픈 일도, 되는 일도, 안 되는 일도, 아픈 일도, 힘든 일도, 어떤 일이든지 감사의 고백을 할 줄 아는 믿음의 사람이 되어야 합니다.

사람마다 장단점이 있습니다. 저의 장점은 말씀을 읽으면서 "왜?"라는 질문을 많이 한다는 것입니다.

"왜? 하나님은 감사하고 살아라!라고 말씀하시면 되지 '범사에 감사하라'라고 감사 앞에 범사라는 말씀을 넣으셔서 말씀하실까?"라는 질문을 하면서 성경을 읽습니다.

범사가 무엇입니까?

큰일도, 작은 일도, 기쁜 일이든, 슬픈 일이든지 괴로운 일이든지 모든 일을 범사라고 하지 않습니까?

그래서 '범사에 감사'하라는 말의 뜻은 다음과 같다고 생각합니다.

첫째, 하나님이 우리를 사랑하시고 구원해 주신 것에 감사하라는 것입니다.

죄로 인해 죽을 수밖에 없는 우리를 택해 주시고, 사랑해 주셔서 예수님을 믿을 수 있는 마음과 믿음을 주시고, 그래서 천국에 갈 수 있는 참 소망을 주신 하나님께 감사해야 합니다. 이것만 생각해도 정말 감사해서 어떤 어려움이 와도 너무 슬픈 일이 와도 하나님만 의지하게 되고 감사하게 되는 것을 잊으면 안 됩니다.

둘째, 이것을 깨달은 은혜를 하나님이 주셨기 때문에 감사해야 합니다.

하나님은 우리를 살리기 위해 고난도 주시고, 우리를 쓰시기 위해 연단도 주셨습니다.

하나님께서 우리를 사랑하신다는 믿음, 우리를 위해서 십자가에서 피 흘려 돌아가신 예수님을 믿게 된 것에 감사해야 합니다.

예수님을 생각하면 옛날에는 눈물이 자연스럽게 흘렀는데 지금은 마음이 강퍅해졌는지 눈물이 말랐습니다. 예수님을 생각하면 그 은혜를 이루 말할 수 없는데 이 은혜를 알게 되고 깨달은 것도 하나님께서 깨우쳐 가르쳐 주신 것이라는 것을 우리는 믿어야 합니다.

셋째, 모든 것이 다 감사할 수밖에 없기 때문에 감사해야 합니다.

"밥만 먹어야 하고, 반찬 하나 없는데 뭐가 감사해? 정말 살아계시고 나를 사랑하는 하나님이라면 이럴 수 있어?"라고 불만 불평할 수도 있겠지만 그렇게 하지 않았습니다. 반찬 없이 밥만 먹어도 행복해하는 동생의 마음은 누가 준 것입니까?

하나님께서 저런 마음을 주셔서 저렇게 감사하면서 살 수 있었습니까?

우리가 누리고 있고 우리가 사는 모든 것이 다 하나님이 주신 것이기 때문에 그냥 감사할 수밖에 없다고 생각합니다. 그래서 감사는 '그냥' 하는 것입니다. '그냥' 감사해서 어떤 상황에서도 "하나님 감사합니다"라는 말이 그냥 나옵니다.

그렇다면 우리는 어떻게 감사해야 합니까?

마음으로 해야 합니다.

"그리스도의 평강이 너희 마음을 주장하게 하라 너희는 평강을 위하여 한 몸으로 부르심을 받았나니 너희는 또한 감사하는 자가 되라 그리스도의 말씀이 너희 속에 풍성히 거하여 모든 지혜로 피차 가르치며 권면하고 시와 찬송과 신령한 노래를 부르며 감사하는 마음으로 하나님을 찬양하고 또 무엇을 하든지 말이나 일에나 다 주 예수의 이름으로 하고 그를 힘입어 하나님 아버지께 감사하라"(골 3:15-17)

제가 선교지에 도착하자마자 자모원을 돕고 싶어서 닭장을 만들었습니다.

그때 한순간의 실수로 쇠를 자르는 그라인드로 제 오른쪽 발가락을 자르는 바람에 병원에 가서 17바늘을 꿰맨 일이 있었습니다. 다행히 뼈 하나 상하지 않고 힘줄 두 개와 살만 찢어졌습니다.

다친 발로 m.k캠프 진행   2013년 m.k 캠프 때 아이들과 함께

그 수술 후 곧바로 선교사 자녀 캠프를 진행했습니다.

절뚝거리면서도 은혜와 감사가 넘치는 시간이었습니다.

지금도 수술 자국을 보면서 진심으로 감사를 드립니다.

"하나님 감사합니다. 발가락이 절단되지 않게 해주셔서 감사합니다."

마음에서 우러나오는 감사를 통해 하나님께서는 저를 더 큰 은혜에 빠지게 해 주셨습니다.

예배로 감사해야 합니다.

노아는 큰 어려움을 겪은 후 배에서 나오자마자 하나님께 감사의 예배를 드렸습니다. 신앙을 지키기 위해 고향과 고국을 떠나야 했던 청교도들은 어땠습니까? 그들도 감사 예배로 시작해서 성전을 먼저 짓고 학교를 짓고 나중에 자기들의 거처인 집을 지었다고 합니다.

찬양으로 감사해야 합니다.

이사야 43장 21절에 보면 "이 백성은 내가 나를 위하여 지었나니 나의 찬송을 부르게 하려 함이니라"라고 말씀하고 계십니다.

제가 기타를 칠 줄 아는 것에 저는 감사를 드립니다.

선교지에 도착해서 '무엇을 할까?'하고 기도하는 가운데 한국어를 배우는 대학생들에게 한국 노래를 가르치면서 복음을 전하고 싶었습니다.

세종학당에서 만든 책 중에 '노래로 배우는 한국어' 책이 있습니다. 그 책 안에는 '당신은 사랑받기 위해 태어난 사람'이 들어있습니다. 저는 그 책으로 학생들을 가르치면서 마음껏 이슬람 대학생들과 하나님을 찬양할 수 있었습니다.

물질로 감사해야 합니다.

역대상 29장 13절-14절을 보면 다윗이 이렇게 기도합니다.

"우리 하나님이여 이제 우리가 주께 감사하오며 주의 영화로운 이름을 찬양하나이다. 나와 내 백성이 무엇이기에 이처럼 즐거운 마음으로 드릴 힘이 있었나이까 모든 것이 주께로 말미암았사오니 우리가 주의 손에서

받은 것으로 주께 드렸을 뿐이니이다. 아멘!"

다윗이 성전을 짓기 위해 준비할 때 백성들이 자원하여 드리는 모든 것을 보고 하나님께 감사의 기도를 드리는 내용입니다.

이렇게 하나님께 범사에 감사하면 오는 축복이 있습니다.

첫째, 믿음이 성숙해집니다.
"그러므로 너희가 그리스도 예수를 주로 받았으니 그 안에서 행하되 그 안에 뿌리를 박으며 세움을 받아 교훈을 받은 대로 믿음에 굳게 서서 감사함을 넘치게 하라"(골 2:6-7)

둘째, 삶이 윤택해집니다.
"그리하면 네 창고가 가득히 차고 네 포도즙 틀에 새 포도즙이 넘치리라"(잠 3:10)

세 번째, 감사는 더 큰 감사를 가져옵니다.
감사하는 사람치고 불만 불평하는 사람을 못 봤습니다. 더 감사하고 더 크게 감사하면서 사는 것을 저는 봐 왔습니다.

그러면 왜! 우리가 범사에 감사하지 못합니까?

일상적인 것에 감사하지 못하기 때문입니다.

숨을 쉴 수 있도록 공기를 주신 것, 걸을 수 있는 것, 볼 수 있는 것, 들을 수 있는 것, 감각이 있는 것, 사랑하는 가족이 있고 모두 건강한 것, 직장을 주신 것, 여러 가지 우리 주변에 가까이 있는 것들. 모든 환경을 어떤 값없이 거저 주심에 우리는 감사해야 합니다.

다 이루었다는 어리석은 생각 때문입니다.

"이렇게 힘들게 공부하고, 힘들게 일해서 이렇게 했는데…"라는 모든 것의 주인은 하나님이라는 것을 잊어버리고 "내가 이루었는데… 내가 다 했는데…"라는 자기 자신이 모든 것의 주인인 것처럼 생각하는 어리석은 생각 때문입니다.

교만 때문입니다.

잠언 16장 18절은 "교만은 패망의 선봉이요 거만한 마음은 넘어짐의 앞잡이니라"라고 말씀하십니다.

저는 교만한 사람의 입에서 '감사'라는 단어를 들어본 적이 없습니다.

3

쉬지 말고 기도하라

"왜? 쉬지 말고 기도하라고 말씀하십니까?

'기도하라'라고 말씀하시면 되는 것을….."

어떤 말씀은 권면이나 조용한 부탁으로 들리기도 하지만 제게 이 말씀은 강하게 호통을 치면서 명령하시는 명령어로 들립니다.

'쉬지 말고 기도하라'라는 것은 예수님을 믿는 우리가, 특히 '리더'라는 목자들이 예수님을 배반할 때가 오기 때문에 하신 말씀입니다.

가룟 유다는 믿을만한 사람이고 정직한 사람이기에 예수님께서 재정을 맡기셨습니다. 목사님들이 아무에게나 재정을 맡기지 않는 것처럼 예수님도 믿을만하고 잘할 것 같았기에 맡기셨을 것입니다.

가룟 유다는 일만 악의 뿌리인 돈의 노예가 돼서 한순간의 유혹에 예수님을 팔았습니다. 사랑하는 스승을 한순간에 팔아버리는 일이 쉽지는 않았을 것입니다. 나중에 자살한 것을 보면 말입니다. 얼마나 괴로웠으면 그런 극단적인 선택을 했겠습니까? 사는 게 사는 것이 아니고 본인도 힘들었을 것입니다.

이 모든 것을 위해 예수님은 '쉬지 말고 기도하라'라고 말씀하시는 것입니다. 잠시라도 쉬면 안 되기 때문에 지금 우리에게 강하게 명령하시는 것입니다. 또, 예수님은 기도의 동역자가 필요했습니다. 옆에 있어 주고 같이 호흡할 수 있는 사람이 필요했습니다.

"이에 예수께서 제자들과 함께 겟세마네라 하는 곳에 이르러 제자들에게 이르시되 내가 저기 가서 기도할 동안에 너희는 여기 앉아 있으라 하시고 베드로와 세베대의 두 아들을 데리고 가실새 고민하고 슬퍼하사 이에 말씀하시되 내 마음이 매우 고민하여 죽게 되었으니 너희는 여기 머물러 나와 함께 깨어 있으라 하시고"(마 26:36-38)

이 말씀은 깨어서 함께 기도하시기를 바라는 예수님의 마음을 읽을 수 있습니다.

지금은 쉬지 않고 기도할 때입니다.

저는 저 자신을 살리기 위해서 기도합니다. 내가 살기 위해서 기도합니다.

육체적으로 사는 것이 아니라 내 영을 살리기 위해 쉬지 않고 기도합니다.

반복적으로 기도합니다. 나를 도와달라고, 나를 지켜달라고, 나와 함께 해 달라고 기도합니다.

예수님이 '쉬지 말고 기도하라'라고 하는 이유는 다음과 같습니다.

첫째, 자신의 영을 위해 기도하라는 것입니다.

영이 살지 않으면 예수님을 배반하는 것뿐 아니라 버리기도 하기 때문입니다.

이 마지막 때에 세상 유혹이 얼마나 많습니까?

쉽게 넘어가고 구원의 길을 벗어나는 일을 얼마나 많이 하고 삽니까?

지금 이 시대는 기도밖에 없습니다.

둘째, 영적 전투를 위해서 기도하라고 하십니다.

우리의 싸움은 혈과 육의 싸움이 아닙니다.

영적인 싸움입니다.

특히 인간관계에서 오는 싸움이 얼마나 큽니까?

신앙이 좋다, 믿음이 충만하다 해도 직분에 상관없이 매일 쉬지 않고 기도하지 않으면 패배할 수밖에 없습니다.

"우리의 씨름은 혈과 육을 상대하는 것이 아니요 통치자들과 권세들과 이 어둠의 세상 주관자들과 하늘에 있는 악의 영들을 상대함이라 그러므로 하나님의 전신 갑주를 취하라 이는 악한 날에 너희가 능히 대적하고 모든 일을 행한 후에 서기 위함이라 그런즉 서서 진리로 너희 허리띠를 띠고 의의 호심경을 붙이고 평안의 복음이 준비한 것으로 신을 신고 모든 것 위에 믿음의 방패를 가지고 이로써 능히 악한 자의 모든 불화살을 소멸하고 구원의 투구와 성령의 검 곧 하나님의 말씀을 가지라 모든 기도와 간구를 하되 항상 성령 안에서 기도하고 이를 위하여 깨어 구하기를 항상 힘쓰며 여러 성도를 위하여 구하라"(엡 6:12-18)

1. 진리의 허리띠가 중요합니다.

연예인이나 정치인들이 진실하지 못한 행동으로 한순간에 핫이슈가 돼서 고초를 겪는 모습을 많이 봅니다. 믿음의 사람들도 그렇습니다. 진실하지 못하고 진리의 말씀으로 중심을 잡지 못하면 넘어집니다.

사람이 살아가는 데 있어서 말씀이 중심이 되어야 하는데 말씀을 읽지도 않고, 듣지도 않고, 배우려고 하지 않으니 넘어지게 되는 것입니다. 진리의 말씀이 중심을 잡아주지 않기 때문입니다.

사도바울이 "서서 진리로"라고 말을 한 이유는 감옥에서 로마 군인들을 자세히 관찰해보니 군인이 앉아 있는 것을 보지 못했다는 것입니다.

늘 서서 보초를 서고, 서서 움직이고….

하나님의 군사는 이렇게 해야 한다는 것입니다.

쓰러지거나 앉아서 졸거나 눕지 않는다는 것입니다.

경계근무를 잘 서야 몰래 뒤에서 죽이려고 쳐들어오는 적을 물리칠 수 있으며 진리의 말씀이 우리의 중심인 허리를 잘 잡고 있을 때 흔들림 없이 우리에게 맡겨진 직무를 감당할 수 있다는 것입니다.

2. 의의 호심경을 붙이고

 사람에게 가장 중요한 장기들은 갈비뼈 안에 다 있습니다. 이것을 보호하기 위해 전쟁에 나가기 전에 갑옷을 입습니다.

불화살이 와도 막아주고 웬만한 칼은 뚫지 못하는 이 갑옷을 '의의 호심경'이라 생각하면 의로움이 밖으로 철철 넘쳐나는 것을 말하는 것 같지 않습니까?

저는 목사이지만 저보다 의로움이 철철 넘치는 평신도를 많이 봅니다.

그런 사람을 보면 참 부럽습니다.

하나님이 주시는 의로움으로 자신을 보호하는 그 모습이 얼마나 아름다운지 모릅니다.

제가 아는 집사님이 큰 회사 임원인데 거래처에서 관계를 잘 맺어 보려고 뇌물뿐만 아니라 룸살롱과 골프 등 여러 가지 방법으로 유혹을 한다고 합니다.

그래서 집사님께서 미리 식당을 예약해 놓으면 식사 후에 "저희가 호텔 룸에서 2차로 모시려고 준비했습니다"라고 한답니다. 집사님께서 "그래요? 그럼 제가 당구를 좋아하는데 한판 치고 가시지요"라고 한 후 당구를 치고 나서는 "죄송합니다. 오늘은 너무 늦었는데 다음에 가시지요"라고 서로 기분 좋게 헤어진다고 합니다.

이 집사님은 회사에서 신우회도 만들고 늘 삶이 아름답습니다. 말하는 것도 행동하는 것도 의로움이 철철 넘칩니다.

보고만 있어도 이쁩니다. 남자 집사님이지만 이쁩니다.

악한 사탄 마귀는 강하게도 다가오지만 화려하고 부드럽게 다가오기도 합니다.

이런 유혹에 넘어가지 않기 위해서는 우리 안에 의로움이 철철 넘쳐나야 합니다. 하나님이 싫어하는 일은 하지도 않고 동참하지도 않고 멀리하겠다는 마음을 가지고 사는 것이 의로움이라고 저는 생각합니다.

어떤 불화살도 어떤 무기도 '의의 호심경'을 뚫을 수 없습니다.

3. 평안의 복음입니다.

복음이 평안합니까?

복음을 전하는 사람 10명이면 10명 다 힘들다고 합니다. 평안하지 않습니다. 부담스럽고 불편해합니다.

영적인 불편함도 있고, 부담이 커서 외면하고 사는 것이 사실 복음 전하는 것 아닙니까?

예수님을 믿는다고 하면서도 지금까지 한 명도 전도한 적이 없는 사람도 있습니다.

입으로 전하는 것을 싫어하고, 외면하는 사람이 많습니다.

그런데 평안의 복음은 무슨 뜻입니까?

제가 자료를 찾고 공부하다가 무릎을 치면서 깨달은 것이 있었습니다.

바로 이 사진입니다.

이때 당시 로마 군인들의 신발 바닥에는 축구화처럼 봉이 달려 있었습니다.

사도바울은 이것을 보고 '평안의 복음'이라 말한 것 같습니다.

로마 군인들은 이 신발을 신어서 산이나 들이나 강이나 어디를 가든지 발이 편안하고 든든했고, 싸움에도 능했다는 것입니다. 그래서 모든 나라를 점령할 수 있을 정도로 튼튼

하고 편안한 군화를 신고 있었던 것입니다.

복음으로 무장한 사람은 이와 같습니다.

평안함이 넘칩니다.

복음이 뒷받침해 주니 항상 기쁜 마음으로 전합니다.

제가 부목사로 사역할 때 여름이고, 겨울이고, 밤낮으로 전도하는 집사님이 계셨습니다. 심방을 가다가 길에서 만나면 늘 손수레를 끌고 그 안에는 전도지와 물티슈를 가지고 두 분이 전도를 다니셨습니다.

"집사님! 너무 더운데 쉬면서 하세요"라고 하면 "호호호, 목사님 저희 그늘에서 김밥도 먹고 아이스크림도 먹고 신나게 전도합니다"라고 웃으면서 말씀하시던 모습이 오랜 시간이 지난 후에도 잊히지 않습니다.

하나님 은혜로 그 집사님은 주의 종이 되셨고, 저는 지금도 그분과 교제하고 있습니다.

집사님의 아들은 신학 공부를 하고 있고 집사님은 아직도 웃으면서 전도하시고 사역하시는 모습이 저의 마음을 기쁘게 합니다.

'평안의 복음'이 가정에 들어오면 평안함이 넘친다는 것입니다.

저의 집은 평안함이 없었습니다.

아버지가 예수님을 믿기 전에는 집안에서 싸움이 끊이지

않아 불편하고 지옥 같았습니다. 평안의 복음이 들어온 후 저희 집은 달라졌습니다.

연세가 있으시지만 아버지는 제가 매일 읽으시라는 말씀 드린 바이블 타임을 하시고 매일 밤 제가 써드린 기도 편지를 읽고 기도하고, 주무십니다. 아버지를 뵐 때마다 마음에 평안이 가득합니다.

4. 믿음의 방패입니다.

로마 군사 중에 맨 앞에 서서 공격하는 군사들을 보면 머리에서부터 발끝까지 가려지는 큰 방패를 들고 전진을 합니다. 성에서 불화살을 쏴도, 들에서 돌이나 창이나 화살이 날아와도 온몸을 막아주는 방패를 들고 전진합니다.

사도바울이 로마군 장교도 연구했겠지만, 졸병도 연구한 것 같습니다.

우리가 믿음을 가지고 살아갈 때 마귀가 우리를 참소합니다.

"네가 무슨 목사라고…. 쯧쯧쯧 그만둬라."

포기하고 싶고 낙심할 때 늘 우리의 옆구리를 찌르면서 공격합니다.

"야, 다른 거 해! 너 다른 거 해도 충분히 능력 있어서 지금보다 더 잘 살 수 있어…"라고 얼마나 슬기롭고, 부드럽고, 그럴듯하게 우리를 넘어트리려고 하는지 모릅니다.

마귀가 불화살만 쏘는 게 아닙니다.

살며시 방패를 내려놓을 수 있도록 그들의 입술에서 나오는 계략은 누구도 이길 수 없습니다. 이럴 때는 고개를 들면 안 됩니다. 얼굴을 들고 사방을 쳐다보면서 세상이 하는 모든 것을 따라 하게 되고 그렇게 살고 싶은 마음이 듭니다. 절대로 고개를 들어 세상을 보면 안 됩니다. 보이는 대로 살고 싶어지기 때문입니다.

귀를 열어서 유혹의 소리를 들으면 안 됩니다.

무겁다고 방패를 내려놓는 순간 불화살이 날아옵니다.

예수님을 믿는다고 하면서 믿음의 방패 없이 매일 얻어맞으면서 질질 짜고 힘들게 살지 말고 우리 몸을 다 막을 수 있는 큰 방패 하나씩을 만들어 봅시다.

만들어서 우리 스스로를 지켜야 합니다. 그 믿음으로 한 걸음 한 걸음 전진하면 주님 나라가 눈앞에 보일 것입니다.

5. 구원의 투구입니다.

구원에 대한 확신으로 살아가는 것
은 정말 중요합니다.

이단이 얼마나 지혜롭습니까?

그거 하나는 인정해야 합니다. 마귀
가 그 지혜를 줘서 그렇지….

그들이 구원을 건드려서 그렇게 사람들을 유혹할지 누가
알았겠습니까?

정말 악한 시대이고 참담합니다.

정통으로 공부한 목사도 이단 목사랑 친해지더니 "그 사
람들이 나쁜 거 아닌 것 같은데…"라고 말하는 것을 듣고 참
으로 안타까웠습니다.

로마 장군은 말을 타고 칼을 휘두르며 지휘합니다.

이때 아주 멋있는 투구를 쓰고 나갑니다. 만약에 그 장군
이 쓴 투구가 헐렁하다면, 머리에 딱 맞지 않고 흔들린다면,
말을 타고 가다가 투구가 떨어지거나 뒤집어져서 앞을 못
보는 경우가 생길 것입니다.

마찬가지입니다.

우리가 확실한 믿음을 가지고, 구원의 확신을 갖고, 살아
간다면 흔들림이 없습니다. 어떻게 구원의 확신을 가진 자
가 떨어지고 넘어지고 하겠습니까? 군인들이 전투모를 꽉

쪼이고, 전쟁하고, 훈련받듯이 우리도 이 구원의 투구만큼은 흔들리지 않도록 정확하게 쓰고 나아갑시다.

구원에 대한 확신만큼은 흔들리지 말고 뒤집어지지도 말고, 꽉 맞게 쓰고 전진해 나갑시다.

6. 성령의 검입니다.

곧 하나님의 말씀을 가지라고 하십니다.

하나님의 말씀은 우리의 골수를 쪼개기까지 합니다. 완전한 변화를 만들어 버리는 것입니다. 말씀이 우리 안에 들어오면 뒤집어집니다. 의로운 사람으로 변합니다. 새사람이 됩니다.

그런데 이 검이 더디거나 종이 한 장을 자를 수 없이 무능한 검이라면 어떻게 되겠습니까?

어떠한 시험이 와도 이겨 낼 수 없습니다. 물리칠 수 없습니다.

예수님이 광야에서 40일 동안 시험당하실 때 말씀으로 다 이겨내셨습니다.

이 말씀의 검은 악한 영을 물리치는 데 사용하는 검입니다.

이 말씀의 검을 지금부터 말씀을 읽으며, 묵상하며, 외우면서 날카롭게 갈아봅시다. 하루에 되겠습니까? 안 됩니다. 매일 갈아야 합니다.

저는 k국 이슬람 나라에서 성경을 인쇄해서 보급하는 사역을 합니다. 보육원 아이들이 매일 한 절, 두 절 외우고 한 달에 많게는 90절을 외우는 아이도 있었습니다. 저의 작은 소망이라면 이 아이들이 말씀을 알고 커서 세상에 나아가 쓰러지지 않고 죄짓지 않기를 바라는 마음입니다.

저는 확신이 있습니다.

말씀이 아이들을 살리고 말씀이 아이들을 붙잡아 줄 것이라는 확신이 있습니다. 말씀으로 악한 영도 물리치고 하나님의 사람으로 성장하기를 기도합니다.

보육원 아이들이 매일 밤 자기 전에 말씀을 나누고 암송하는 모습

4

항상 기뻐하라

"왜? '기뻐하라'라고 하면 되지 앞에 '항상 기뻐하라'라고 '항상'을 넣어서 말씀하실까요?"

'항상 기뻐하라'라는 것은 '모든 것을 기뻐하라'라는 뜻입니다. 또는 '어떤 상황에서도 기뻐하라'라고 말할 수 있습니다.

모든 것, 어떤 상황에서, 항상 기뻐할 수 있는 것은 무엇일까요?

그것은 '영혼 구원' 전도입니다.

임신한 여자가 엄마가 되기 위해 10개월 동안 태교하고 아기를 위해서라면 좋은 것을 먹고, 좋은 생각을 하고, 좋은 음악을 듣고, 항상 웃고, 즐거운 마음을 가지려고 하는 것처럼 전도 대상자를 정하고, 그 태신자를 위해 기도하고, 관계를 좋게 하고, 교회로 인도하려고 애를 쓰고, 사랑과 정성을 다해서 그분이 감동하여 교회에 등록해 믿음 생활을 하게 되면 전도인은 그 사람을 볼 때마다 행복해서 얼굴에 웃음이 떠나지를 않습니다. 항상 기쁨이 넘칩니다.

아기 엄마가 아기를 낳아서 그 아기가 걷고 뛰고 건강하게 자랄 때까지 사랑과 정성을 다해 아기에게 감동을 주듯이 우리가 항상 기쁘게 살 수 있는 것은 바로 전도입니다.

그 아기가 기어 다니다가 일어서서 한 걸음을 걸으면 야단이 납니다. 남편에게 전화해서 "여보~ 우리 00이가 걸었어요. 동영상 찍은 거 보낼게요"라고 합니다. 그리고 가족과 아는 사람들에게 "우리 아기가 걸었다"라고 말하면서 기뻐합니다.

우리가 품은 태신자가 교회에 나와서 믿음 생활을 하는 것을 보면 기뻐서 입가에 웃음이 떠나지를 않습니다.

제가 아는 권사님은 00 집사님을 손으로 가리키면서 저에게 이렇게 말합니다.

"목사님, 저기 00 집사 제가 전도했어요. 이 전도하려고 내가 얼마나 고생했는지 아세요. 저렇게 열심히 신앙생활하고 봉사하고 구역장을 얼마나 잘하는지 내년에는 교구장 세워야겠어요. 호호호."

활짝 웃으면서 말씀하시는 권사님을 보면 저도 마음이 흐뭇해집니다. 참 기쁩니다. 하나님이 이 모습을 보시고 얼마나 기쁘겠습니까?

"항상 기뻐하라."

네, 맞습니다. '영혼 구원'입니다.

술, 담배뿐만 아니라 폭력적으로 살고 가출과 자살 시도를 세 번이나 할 만큼 인생을 포기하고 악하고 방탕하게 살았던 저는 어머니의 기도로 목회자가 되었습니다.

어느 날 아버지는 어머니와 이혼하시고 집을 나가셨습니다. 13년이라는 세월이 지나는 동안 우리는 아버지 없이 평안하게 지냈습니다. 생각도 하지 않고 살았습니다. 어느 날 누나에게 전화가 왔습니다. 군포 어느 고시원에서 아버지가 힘들게 살고 계시다고 한번 찾아가 뵈라고….

아버지 소식을 13년 만에 듣고, 저는 단 1초도 망설임 없이 어머니 앞에 무릎 꿇고 아버지를 용서하고, 집으로 모시고 와서 같이 살자고, 부탁드렸습니다.

"어머니, 아버지 소식을 듣고 제가 마음이 불편해요. 저는 목사가 되었고, 어머니는 권사님이신데 우리가 다른 사람한테도 예수님을 믿으라고 전하고, 다른 사람도 천국에 갈 수 있도록 하고 사는데 아버지 소식을 듣고, 가만히 있으면 제가 너무 마음이 불편해서 사역을 못 할 것 같아요. 아버지를 용서하시고, 같이 사신다고 하면 제가 지금 당장 모시고 오겠습니다."

어머니께서는 잠시 생각하시고는 "네 뜻이 그러면 그렇게 하자"라고 말씀하셨습니다. 저는 곧바로 아버지를 집으로 모시고 와서 복음을 전하고, 신앙생활을 할 수 있도록 했습니다. 아버지는 지금까지 천국을 바라보시면서 행복하게 살고 계십니다.

가끔 한국에 왔다가 선교지로 돌아가기 하루 전에 아버지의 손을 잡고 제가 물어봅니다. "아버지, 지금이라도 돌아가시면 천국에 들어가실 수 있어요?"라고. 그러면 아버지는 "그럼"이라고 말씀하십니다. 저는 눈물을 흘리며, 아버지를 안고, 축복의 기도를 하고, 마음에 평안을 가지고, 선교지로 갈 수 있었습니다. 내가 아버지께 행한 일을 생각하면 마음에 평안함이 가득하고 기쁨이 넘칩니다. 이 기쁨이 잠시 있다가 없어지는 것이 아니라 항상 기쁩니다.

하나님의 뜻은 우리가 항상 기쁘게 사는 데 있습니다.
항상 기쁘게 살 수 있는 것은 한 영혼을 살리는 것입니다.
그 사람을 구원의 길로 인도했을 때 참 기쁨이 있습니다.
그 기쁨은 너무 행복해서 눈물이 마르지 않습니다.
그 기쁨은 하나님도 기뻐하십니다.
하나님께서도 항상 기뻐하십니다.
이것이 하나님의 뜻입니다.

5

사랑의 힘은 용서로부터

오래전 부흥회를 인도하신 목사님께서 하신 말씀이 생각납니다.

일본으로 집회를 가셨는데 하필 그 기간에 사모님이랑 말도 안 하고 서로 삐쳐 있는 상태였다고 합니다. 그래도 동행해야 해서 함께 가셨습니다

목사님이 말씀을 전하려고 강단에 올라섰는데 저 뒤에서 사모님이 쳐다보는데 그 눈과 마주치는 순간 말씀이 안 나오더랍니다. 목사님은 말이 안 나와서 강단에서 내려와 버렸답니다.

잠깐 기도를 하시고 다시 강단에 올라가서 사모를 강단으로 올라오라고 하셨답니다. 그리고 안아주면서 "내가 미

안해! 잘못했어! 사랑해!"라고 하자 사모님이 엉엉 울더랍니다.

두 분이 강단에 서서 껴안고 용서를 빌며 화해를 하고 있는데 일본 성도들이 두 손을 뻗으며 "당신은 사랑받기 위해 태어난 사람~" 축복 송을 불러주더랍니다.

다시 말씀을 전하려고 하는데 일본 교회 담임목사님이 일어나셔서 사모님을 껴안고 둘이 울더랍니다. 그래서 목사님이 '나만 싸우는 게 아니구나!'라고 생각하는데 장로님들이 일어나더니 권사님들께 가서 껴안고 막 울더랍니다. 잠시 후 모든 성도가 서로 껴안고 용서를 빌고 "사랑한다"라고 고백하며 용서하고 용서해 주는 일이 일어나면서 그날 집회는 새벽까지 은혜가 넘치는 큰 집회가 되었다고 합니다.

우리는 "사랑해"라고 말을 하지만 용서하는 마음 없이 어떻게 "사랑해"라는 말을 할 수 있겠습니까?

저는 "사랑해"라는 말보다 "용서해줘, 미안해"라는 말이 먼저라고 생각합니다.

상대방을 용서한 후 "내가 사랑하는 거 알지"라고 말하는 것이 순서인 것 같습니다. 그것도 마음을 다해 진심으로 말한 후 말입니다.

용서하지도 않은 상태에서 상대방을 "사랑한다"라고 말

하는 것은 진정성이 보이지 않습니다. 용서하는 마음 없이 입으로 내뱉는 형식적인 "사랑해"라는 말은 사랑이 아니라고 생각합니다.

예수님께서 십자가에 못 박혀 피 흘려 돌아가시면서 하신 말씀이 무엇입니까?

"아버지여 저들의 죄를 용서하여 주시옵소서"입니다.

주님은 피 흘리시며 간절히 기도하는 마음으로 하나님께 부탁하십니다.

저들을 용서해달라고….

저들이 하는 짓을 모르고 있다고….

예수님께서 그 고통 가운데 십자가에 매달려 하신 말씀입니다.

"아버지 내가 그들을 사랑합니다."

먼저 말씀하지 않으시고 저희의 죄를 사해 달라고, 저들이 자기가 하는 짓을 모른다고 말씀하십니다. '사랑한다'라는 말씀보다 우리 주님은 '용서'를 간구하셨습니다. 사랑이 많으신 하나님은 예수님의 부탁을 들어주셨습니다. 그래서 우리를 용서하시고 우리를 자녀 삼아 주셨습니다.

지난 모든 죄를 용서해 주시고 "사랑한다"라고 말씀하십니다. 이 말씀 때문에 우리가 떳떳하게 살아가는 것입니다. 힘을 얻어 살아가는 것입니다. 그래서 사랑의 힘은 아주 큽니다. 사랑하기 전에 용서하지 않으면 사랑이 완성될 수 없습니다. 용서해야 사랑이 완성됩니다. 용서하는 마음이 들어야 사랑하는 마음이 생기는 것입니다. 용서하는 마음 없이 "사랑합니다"라고 말할 수 없을 것입니다.

　예수님의 십자가상의 말씀을 이야기하다 보면 꼭 생각나는 분이 있습니다. 바로 스데반 집사님이십니다.

6

스데반의 용서

사람들이 스데반을 돌로 쳐서 죽일 때 스데반은 "주 예수님 내 영혼을 받아 주시옵소서"라고 기도했습니다. 그리고 스데반은 무릎을 꿇고 큰소리로 "주님! 이 죄를 이 사람들에게 돌리지 마시옵소서"라고 외쳤습니다. 이 말을 하고 스데반은 잠들었습니다(행 7:59-60).

이 외침은 간절한 부탁의 절규였습니다.

예수님과 똑같은 용서의 간절함이었습니다. 스데반이라는 이름에는 '면류관'이라는 뜻이 있습니다. 그는 이방 출신의 헬라파 유대인이었으며, 예루살렘 초대 교회 최초의 일곱 집사 중 한 사람이었습니다.

예수님의 십자가 죽음과 부활 승천하심이 수개월도 채 지나지 않았을 때 오순절 사건과 함께 복음이 사도들에 의해 폭발적으로 전파될 때였습니다.

유대인들은 자신들이 십자가에 못 박아 죽게 만든 예수님이 바로 그리스도라고 전파하는 사도들과 다른 제자들 때문에 자신들의 위치와 지도력에 매우 심각한 위협과 도전을 받게 됩니다. 이 때문에 자신들이 가지고 있는 정치적 힘을 사용하여 기독교인들을 핍박하는 데 스데반 집사님이 첫 번째로 순교하게 된 것입니다.

스데반 집사님에 대해서 사도행전 6장 8절은 이렇게 소개합니다.

"스데반은 하나님의 은혜와 능력이 가득한 사람이었습니다. 그는 백성들 사이에서 기적과 표적을 행했습니다."

스데반 집사님은 기사와 이적을 행하며 설교를 통해 전도한 것으로 보아 은혜와 권능이 충만한 분이셨습니다.

자신을 죽이려는 무리 앞에서도 끝까지 신념을 굽히지 않으셨습니다.

용기 있고 담대하였습니다.

돌에 맞아 죽어가는 순간에도 민족들을 위해 기도하며 용서해 달라고 간절히 부탁하는 모습을 상상해 보십시오. 스데반은 그리스도의 충만한 사랑을 소유한 분이라는 것을 우리는 말씀을 통해 알 수 있습니다. 스데반의 모습은 그리스도의 참 사랑이 무엇인지를 깨닫게 해줍니다.

우리가 어떤 일로 말미암아 고통당하게 될 때 고통을 주는 자들을 위해 기도하고 용서를 빌 줄 아는 사람이 되어야 하겠습니다. 말씀을 읽으면서 스데반 집사님이 예수님처럼 용서하는 마음을 가지고 죽어가는 모습이 눈에 선하게 그려집니다.

로버트 뮬러의 시 <용서하는 마음>이 생각납니다.

"용서하는 마음을 가지십시오.
분노는 부정적이며
분노는 유해한 것이고,
자기 자신을 점점 소멸시켜서
사라지게 해버립니다. … (중략)"

그리고 용서는 용기가 필요하고 오직 용감한 사람만이 용서할 수 있다면서 일요일부터 토요일까지 요일마다 하나씩 용서하라고 제시합니다.

"당신 자신을 / 가족을 / 친구와 동료를 / 국가의 경제기관을 / 국가의 문화기관을 / 국가의 정치기관을 / 다른 나라들을!"

선교를 나오기 한 달 전쯤 시내에서 천천히 주행을 하고 있었는데 잠깐 정차하는 순간 뒤에서 한 아주머니가 제 차를 박았습니다. 사고 후 아주머니의 얼굴은 혼이 나간 것처럼 멍한 상태였습니다. 차 안에는 어린아이가 탔는데 그 아이는 한 눈으로 봐도 자폐증을 앓고 있는 것으로 보였습니다. 저는 그분이 다른 생각을 하시다가 사고를 냈을 거라고 짐작하고 조용히 다가가 "어느 보험회사예요?"라고 물었습니다. 아주머니는 남편에게 전화를 하더니 남편도 모른다고 하며 금방이라도 이 세상을 떠나고 싶어 하는 표정과 눈으로 저를 쳐다보았습니다. 저는 그분을 그냥 용서하고 보내 드리자는 마음이 들어 "다음부터 조심하시고 힘내세요!"라고는 그냥 보내 드린 적이 있습니다.

그 후 사단이 저를 선교 안 보내려고 방해하는 건지 출국 일주일 전 밤에 사거리에서 음주운전 차량이 달려와서 사고를 냈는데 다행히 제 차 뒤에 음악 학원 차(스타렉스)가 서 있었습니다. 이 차가 없었으면 저는 크게 다쳤는지 모릅니다.

스타렉스 운전자는 앰뷸런스에 실려 가고 제 아내도 목이 뻣뻣하다고 해서 병원에서 치료를 했습니다.

다음날 경찰서에서 오라고 해서 갔더니 조사서를 작성하면서 "합의하실 겁니까?"라고 물었습니다. 제가 합의를 하지 않으면 그 사람은 입건이 된다고 했습니다.

이날도 그냥 용서하고 싶은 마음이 들었습니다.

지금 시대가 어떤 시대인데 음주운전을 하는지 용서하고 싶지 않았지만 이번에도 그냥 용서하자는 마음이 들었습니다.

따지고 싶고 화도 났지만 용서하기로 하고 "다시는 음주운전을 하지 말라고 전해주세요"라고 한 후 경찰서를 나왔습니다.

하루가 지나자 보험사에서 연락이 와서 50만 원을 준다고 했습니다. 어떤 분들은 "겨우 50만 원을 받았냐?"라고 말씀하셨습니다. 저는 그것도 감사하다고 말했습니다.

선교지에는 저희를 돕는 고려인 집사님이 계셨습니다.

제가 미생물로 닭을 키우는 법을 배워서 자모들을 도우려고 닭장을 짓는데 쇠를 자르는 그라인드 기계가 너무 낡았고 전원 스위치가 고장 나서 코드를 일일이 꽂았다가 뺐다가 하면서 일을 하길래 새것으로 하나 사시라고 돈을 드렸는데 아직 쓸만하니 나중에 산다고 하면서 안 사셨습니다. 저는 집사님이 없는 사이 그라인드 기계를 사용하다가 오른쪽 발을 다쳤습니다. 다행히 발가락이 잘리지 않고 조금 심하게 찢어져서 17바늘을 꿰맸습니다.

다친 순간 발을 붙잡고 봤는데 그라인드로 찢어져서 2 - 3밀리 정도 벌어져 있었습니다. 저는 두 딸 그리고 고려인 집사님과 병원에 갔습니다.

병원에 도착하니 오후 4시 정도였는데 엑스레이 촬영 기사가 퇴근했으니 길 건너 병원에서 사진을 찍어 오라고 했습니다. 우리는 길 건너 병원으로 갔습니다. 그곳에서 사진을 찍는 데 30분 정도가 걸린 후 그 필름을 가지고 다시 길 건너 병원으로 가는데 이 상황이 너무나 어이가 없고 화가 났습니다.

하지만 저는 두 딸을 안심시켜야 했기에 "아빠는 괜찮아. 걱정하지마. 조금 다친거야"라고 말하면서도 얼마나 화가 났는지 모릅니다. 다시 병원에 가서 수술을 하는데 다행히 신경과 뼈에 이상은 없고 힘줄이 잘렸다고 했습니다. 힘줄 연결 수술과 17바늘을 꿰매는 수술을 하는데 그 집사님이 너무 밉고 속이 상했습니다.

실수는 제가 했지만 말을 안 들은 집사님이 얼마나 미운지 화도 나고 그 사람이 싫었습니다.

거짓말도 많이 하고 저를 속이고…. 그래도 이런 마음을 버리고 계속 교제를 했습니다.

상처받은 것을 잊어버리고 좋은 마음으로 만드는 것은 사실 하나님이 주시는 마음이었습니다. 하나님이 주시는 용서하는 마음이었습니다. 지금도 일을 할 수 있도록 다른 분들께 고려인 집사님을 소개도 시켜주면서 좋은 관계를 맺고 있습니다.

우리가 살아가면서 수 없는 상황 속에서 상대방을 용서할 수 없는 마음이 생기는 이유는 무엇일까요?

다른 사람을 용서하지 않으려는 사람은 인격과 성품이 정지되어 있는 사람이라고 말할 수 있습니다. 한마디로 자라지 못한 것입니다. 성숙한 사람이 되어야 어른 대우를 받는데 용서하지 않는 사람은 어른이라 말할 수 없고, 성숙한 사람이라 말할 수 없습니다.

이렇게 따지고 보면 용서하는 마음을 갖지 못하는 사람은 하나님의 사람이라 말할 수 없을 것 같습니다. 그래서 용서의 마음이 없는 사람은 더 한을 품고 마음에 칼을 품으며 살아가는 모양입니다.

이 부분은 제가 잘 압니다.

제가 그랬기 때문입니다.

용서하지 않은 마음에는 늘 증오심이 있습니다. 증오심은 진정으로 용서를 해야만 사라집니다. 마음속에 증오심이 있으면 그것은 독약이 됩니다. 이 독약은 나중에 살인을 낳을 수가 있고 시기와 질투를 낳아서 본인이 감당할 수 없는 일까지 저지르게 될지도 모릅니다.

요한1서 3장 15절은 이렇게 말씀하십니다.

"자기 형제를 미워하는 사람은 누구나 살인자입니다. 여러분도 아시다시피 살인자에게는 영원한 생명이 있을 수 없습니다."

용서하지 못하고 미워하는 마음을 가지고 살아가는 사람

은 이것이 본인에게 독이 될 수 있다는 것을 잊고 독을 매일 마음으로 먹고 마음에 품고 살기에 몸 전체에 퍼져 자신도 모르게 죽어가는 것입니다.

그러나 용서를 하는 사람의 마음은 우선 잠을 달게 잡니다. 그는 평온함도 지닐 수 있습니다. 그러나 증오심이 가득하고 용서를 하지 않은 자는 마음이 불안하며, 자신을 불행한 자로 만들어 버립니다. 대체로 이런 사람은 자신의 문제나, 편견이나 증오심을 남에게 말합니다.

"내 이 자식을 가만두지 않겠어!"라고 말입니다.

이런 사람은 이웃들로부터 사랑을 받지 못합니다.

주변 사람들이 싫어합니다. 결국 버림받게 되기도 합니다. 불평자, 비평자, 질투하는 자가 나타날 때 사람들은 그들을 피할 뿐 상대하기를 싫어합니다.

용서하는 마음을 가지고 살아가는 사람은 자신의 마음뿐 아니라 가정과 주변에도 평화를 가져옵니다. 그래서 용서는 사랑을 가져다주는 기적과 같은 약이기도 합니다.

용서가 없을 때 미움이 싹트고, 분쟁이 생기며, 오해가 생깁니다. 그리고 절대로 문제가 해결되지 않습니다.

7

바울의 용서

바울은 다른 사람을 용서하는데 훌륭한 본을 보인 사람입니다.

"구리 장색 알렉산더가 내게 해를 많이 보였으매 주께서 그 행한 대로 저에게 갚으시리니"(딤후 4:14)

바울은 현명하시고, 정당하신 주님께 심판과 형벌을 맡기고자 했습니다. 사도바울은 압제자의 온갖 박해에도 불구하고 증오심이나 악한 마음을 품지 않았습니다.

바울은 고린도 교회 성도들에게 예수님을 만난 후 변화된 성품을 지니도록 강조하였습니다. 그 시대 사람들로부터 많은 박해를 받았던 바울은 정신적인 고통과 육체적인 고통을 당하였습니다.

바울은 여러 번 옥에 갇히기도 했습니다.

바울은 막대기로 죽을 만큼 매를 맞았습니다. 이것뿐이 아닙니다. 돌로도 맞아 죽을 지경에까지 이르렀습니다.

바울은 세 차례나 파선을 당했습니다. 그래서 바다에서 수많은 시간을 헤매었습니다.

바울을 죽이려는 자들이 늘 주변에 있었습니다. 담 위에 걸린 통 속에 숨어 피신까지 했습니다. 추격자를 피하여 숨기도 했습니다. 도둑들로부터 고통을 당하기도 했습니다.

디모데후서 4장 16절은 바울의 용서하는 마음을 잘 나타내고 있습니다.

"내가 처음 변명할 때에 나와 함께 한 자가 하나도 없고 다 나를 버렸으나 저희에게 허물을 돌리지 않기를 원하노라."

많은 사람은 다른 사람과 화해를 하게 되면 "알았어, 내가 용서할게"라고 말합니다. 그러나 사실은 계속해서 마음속으로 적개심을 품고, 의심합니다. 상대방의 성실성을 믿지 않습니다. 이것은 죄입니다. 왜냐면 일단 용서했으면 서로가 용서하고 잊어야 하기 때문입니다.

용서는 완전히 잊어버리는 것이기 때문입니다.

믿는 사람들에게는 이 훈련이 필요합니다.

사도바울이 예수님을 만나기 전에 예수님을 믿는 자들, 전하는 자들 모두 감옥에 가두고 죽이려고 했던 것으로 보아 혈기가 왕성했을 것으로 보입니다.

용서하는 마음이 전혀 없는 삶이었습니다.

그러나 예수님을 만난 후 그의 삶은 용서뿐 아니라 참고 인내하는 성품으로 바뀌었습니다. 용서는, 용서해 주는 사람에게 미치는 영향이 매우 큽니다.

사도바울은 로마에 있는 성도들에게 이렇게 말했습니다.

"아무에게도 악으로 악을 갚지 말고 모든 사람 앞에서 선한 일을 도모하라 할 수 있거든 너희로서는 모든 사람으로 더불어 평화하라 내 사랑하는 자들아, 너희가 친히 원수를 갚지 말고 진노하심에 맡기라 기록되었으되 원수 갚는 것이 내게 있으니 내가 갚으리라고 주께서 말씀하시니라"(롬 12:17-19)

'너희가 친히 원수를 갚지 말고 진노하심에 맡기라'라는 말씀을 다시 한번 보시기 바랍니다.

원수 갚지 말고 원수를 사랑하라는 것은 우리가 화를 내고 악한 마음을 갖게 되면 아드레날린이라는 호르몬이 나와서 그 호르몬이 암과 질병의 원인이 된다고 합니다.

반대로 사랑하면 엔도르핀이 나와서 몸을 건강하게 해준다고 합니다. 그러니까 '원수를 갚지 말라는 것은 주님의 말씀이니까 지켜야지. 원수를 사랑하라고 하시니까 지켜야지'라는 것이 아닙니다.

예수님은 우리를 너무 사랑하셔서 말씀하시는 것입니다. 원수를 사랑하지 않으면 오히려 우리가 상함을 받을까 봐 염려하셔서 하시는 말씀입니다.

우리를 너무 아끼기 때문에 우리를 보호하시려고 "그냥 용서해라. 그래야 네가 상함이 없다"라고 말씀하십니다.

만일 우리가 용서하지 않는다면 그는 우리를 죄 가운데서 헤매게 하시리라는 것입니다. 그들은 마음속으로 "네가 감히 나를 용서 안 해!"라고 더 악한 마음을 갖고 더 괴롭힙니다. 아니 죽이려고까지 할 수도 있습니다. 더 큰 원수가 되고 화가 되어 우리에게로 돌아올지도 모릅니다. 그래서 그냥 주님께 맡기라고 합니다.

그래서 그 원수를 위해 기도해야 합니다.

그러면 주님이 갚아주십니다. 주님은 선으로 갚으면 선으로 갚아주시고, 악으로 갚으면 악으로 돌려주신다는 것을 우리는 알아야 합니다. 이것을 깨닫고 용서의 마음으로 베푼다면 그 사람은 오히려 사랑받는 사람이 됩니다.

용서하지 않은 마음에는 억울함과 증오심이 가득해서 용서되지 않습니다. 용서가 되지 않게 되면 그것이 그 사람에게 독이 됩니다. 그 독은 질투로 바뀌게 되고 다시 악한 마음을 갖게 되고 죄를 짓게 되는 일이 일어납니다.

예를 들어 살인이나 다른 방법으로 화를 풀려고 계획할
수도 있습니다. 이런 마음과 방법은 주님이 원하시는 것이
아닙니다.

용서에는 기적이 일어납니다.
그의 삶에 복으로 돌아옵니다.
그 가정에 행복을 가져오는 축복이 됩니다.
용서가 없을 때 분쟁이 생깁니다.
용서가 없을 때 오해가 생깁니다.
용서가 없을 때 문제가 해결되지 않습니다.
이해와 용서가 없을 때 분란이 일어납니다.
조화를 잃게 됩니다.
가정이나 교회에 불화를 낳게 합니다.
그러나 용서와 이해가 있을 때 복음의 정신과 조화를 이
룹니다. 이것이 우리가 자신에게 죄를 용서받고 하나님 앞
에 흠 없이 서기 위해서 지녀야 할 정신입니다.

8

바나바의 용서

바나바는 자신의 소유와 달란트, 자신의 생애 전부를 하나님께 드려 주의 일에 헌신한 사람이자 개인적으로 제가 너무 좋아하는 성경 인물입니다.

자신의 귀한 것을 모두 드리는 헌신의 모습은 예수님을 믿음으로 살아가는 사람들이 갖추어야 할 모습이라고 생각합니다. 이런 마음을 가지고 살아가는 것을 하나님이 기뻐하시고 원하십니다.

그의 본명은 '요셉'입니다.

사도들에 의해 '권위자', '위로의 아들'이라는 뜻의 '바나바'란 이름으로 불렸습니다(행 4:36). 믿는 사람 중에 요셉이라는 사람이 있었습니다. 사도들은 그 사람을 바나바라고 불렀습니다. 바나바는 '격려하다'라는 뜻입니다.

바나바는 현재 터키 아나톨리아의 남쪽에 위치한 큰 섬인 키프로스에서 태어난 레위 지파 사람입니다.

바나바는 사도바울의 초기 동역자였습니다(행 11:25).

바나바는 사울을 찾으러 다소로 갔습니다 사울을 찾은 바나바는 사울을 안디옥으로 데려왔습니다. 두 사람은 일 년 동안 교회에 머물면서 많은 사람을 가르쳤습니다. 제자들은 안디옥에서 처음으로 '그리스도인'이라고 불렀습니다.

바나바는 예루살렘과 유대와 사마리아, 그리고 안디옥을 중심으로 하는 로마 제국 전역으로 복음이 확장되어 가는 중요한 시기에 하나님이 사용하신 인물입니다. 예루살렘 교회의 일원이었으며, 사도바울과의 제1차 전도 여행 및 자신의 세계 전도 여행을 통하여 이 시대에 어느 누구보다도 직접 체험하고 목격한 사람이기도 합니다.

또한 자신의 소유를 팔아 헌금으로 드릴만큼 헌신적인 신앙을 소유한 사람이었습니다(행 4:37).

요셉이 자기의 밭을 팔아 그 돈을 사도들의 발 앞에 갖다 놓았습니다. 마가의 실수를 용서하고 자신의 선교에 동참시키고자 한 것으로 보아 관대하고 남을 격려할 줄 아는 사람이었습니다(행 15:37-39).

바나바는 마가라 불리는 요한도 데려가고 싶었습니다. 그러나 바울은 마가요한이 그들과 함께 계속 일하지 않고 밤빌리아에서 그들을 떠난 사람이기 때문에 그를 데려가는 것을 좋게 여기지 않았습니다. 바울과 바나바는 이 일 때문에 심하게 다투었습니다. 그러다가 둘은 마침내 갈라서고 말았습니다. 바나바는 마가를 데리고 배를 타고 키프로스로 떠났습니다.

제가 바나바의 이야기를 하는 이유는 여기에 있습니다.

마가는 마가복음을 기록하여 예수님께서 많은 죄인을 구원하시기 위해 비천하고 험난한 종으로서의 삶을 사셨음을 소개한 제자입니다. 고난 가운데 처한 성도들에게 위로를 준 사람입니다.

그러나 밤빌리아에서 마가의 행동은 바울과 바나바 간의 다툼을 만들어 내어 당시의 중요한 선교가 중단되거나 소홀해지는 일이 일어날 수도 있었습니다. 이 일로 결국 따로 사역을 떠나는 결과를 낳게 된 것입니다.

이처럼 한 사람의 실수로 자칫 주의 일에 큰 지장을 초래할 수 있었습니다.

이런 실수를 용서하고 후에 바울과 재결합하여 충성스럽게 주의 일을 감당할 수 있도록 만들어 준 사람이 바나바라고 저는 생각합니다.

세월이 지나 사형에 직면한 바울이 마가와 함께 있기를 원했던 것으로 보아 충성되고 헌신적인 사람으로 바뀐 것도 바나바의 용서였고 같이 선교를 다니면서 많은 변화를 주지 않았나 생각합니다. 바나바의 용서가 아니었으면 훌륭한 사도이자 헌신자가 절망과 좌절 속에서 주의 일을 감당하지 못하는 자로 기록되었을지 모릅니다.

이렇게 한 사람의 용서가 중요한 동역자를 세우는 것입니다. 때문에 용서는 사람을 세우는 일이기도 합니다.

9

에서의 용서

에서는 이삭과 리브가가 낳은 쌍둥이 중 맏아들입니다. 동생은 야곱입니다. 에서는 사냥꾼이었으며 아버지의 사랑을 받은 자였습니다.

그런데 사냥에서 기진맥진하여 돌아와 야곱에게 팥죽 한 그릇으로 장자권을 팔게 되는 어처구니없는 일을 행하고 맙니다(창 25:29-34).

어느 날 야곱이 죽을 끓이고 있는데 에서가 들판에서 사냥을 하고 돌아왔습니다. 에서는 몹시 배가 고파서 야곱에게 말했습니다.

"그 붉은 죽을 좀 다오. 내가 배가 고프구나."

이것 때문에 에서는 '붉은'이란 뜻에서 '에돔'이라고 불리게 되었습니다.

나중에 깨달은 에서는 간절히 애원합니다.

"오 나의 아버지여! 나를 축복하소서!"라고 절규하며 외칩니다. 그러나 그의 외침은 이미 늦었습니다.

이 부분에서 우리가 깨달아야 하는 것은 그는 동생에게 장자권을 팔아버린 사실 자체만을 후회했을 뿐 회개하지는 않았다는 것입니다.

죄에 대한 진정한 회개만이 하나님의 용서와 자비를 구할 수 있습니다.

그런데 가만히 보면 에서는 장자권을 판 것이 큰 죄라는 것을 몰랐던 것 같습니다. 지금 우리도 죄인지 죄가 아닌지 모르고 행하는 일이 많습니다. 우리는 하나님이 우리에게 주신 축복을 한순간의 실수로 빼앗길 수 있다는 것을 에서를 통해 알아야 합니다. 당장의 이익을 위해 영원한 이익을 포기하는 바보 같은 행동과 말은 하지 말아야 합니다.

이 일로 에서는 야곱을 증오하며 죽이려고 합니다(창 27:41).

에서는 아버지 이삭의 축복을 빼앗아 간 야곱을 미워했습니다. 에서는 속으로 이렇게 다짐을 했습니다. "이제 아버지는 곧 돌아가실 것이다. 아버지를 장사 지낸 뒤 야곱을 죽여버리고 말겠다"라고 말입니다.

이상하게 우리는 자기가 실수했으면서 상대방을 원수 삼고 죽이려고 하는 경우가 많습니다. 물론 야비하게 형을 속인 야곱의 죄도 크지만 말입니다.

그래서 야곱은 오랜 세월 고통 속에서 지내지 않습니까?

야곱은 육체의 고통보다 마음의 고통이 컸을 것입니다.

세월이 지나 형 에서가 야곱을 용서하고 화해하게 됩니다(창 33:3-4).

"야곱은 맨 앞으로 나갔습니다. 야곱은 형이 있는 쪽으로 다가가면서 일곱 번이나 땅에 엎드려 절했습니다. 그러자 에서가 달려와 야곱을 맞이했습니다. 에서는 야곱을 끌어안고 그의 목에 얼굴을 기대었습니다. 그리고 야곱에게 입을 맞추었고 두 사람은 함께 소리 내어 울었습니다."

두 사람 모두 자유로워지고 마음의 평안을 가졌을 것입니다. 그 결과 야곱과 에서는 아버지 이삭의 장례를 함께 치르게 됩니다(창 35:29).

"이삭은 목숨이 다하여 오랫동안 살다 조상들에게로 돌아갔습니다. 그래서 이삭의 아들 에서와 야곱이 이삭을 장사 지냈습니다."

용서는 언제든 해야 합니다. 시간이 지나도 해야 합니다.

에서와 야곱이 눈물 흘리며 재회하는 부분을 읽으면서 저도 울었습니다.

용서는 눈물이 있습니다.

10

요셉의 용서

요셉은 어떤 죄도 짓지 않은 자기를 시기하여 멀리 애굽으로 팔아버린 형들을 용서하였습니다. 형들 때문에 고향을 잃었고 부모와 떨어져서 살아야 했습니다. 낯선 나라에서 종으로 살아가면서 온갖 모욕과 치욕을 당하며 살아야 했습니다. 아무 죄 없이 감옥살이를 했습니다. 그 안에서 형들을 원망했을지도 모릅니다.

그도 사람이기에 원수를 갚을 마음도 가졌을 것이라고 짐작해 봅니다. 하지만 그는 초라한 모습으로 양식을 얻으려고 온 형들을 보면서 마음으로 용서하고 눈물을 흘렸습니다.

우리를 용서해달라고 부들부들 떨면서 그들이 무릎 꿇고

빌 때 요셉은 그들을 안심 시킵니다.

"형들의 잘못이 아니라 하나님이 나를 먼저 이곳에 보냈다"라고 하면서….

개인적으로 말씀 중에 가장 눈물이 나는 부분은 창세기 50장 15절에서 17절 말씀입니다.

야곱이 죽은 후에 요셉의 형들이 말했습니다.

"만약 요셉이 아직도 우리를 미워하면 어떻게 하지? 우리는 요셉에게 나쁜 짓을 많이 했어. 만약 요셉이 우리에게 복수를 하려 하면 어떻게 하지?"

그래서 그들은 요셉에게 사람들을 보내어 이렇게 전했습니다.

"아우님의 아버지는 돌아 가시기 전에 이렇게 당부하셨습니다. 너희는 몹쓸 짓을 했다. 너희는 요셉에게 죄를 지었다. 요셉에게 말해서 형들을 용서해 달라고 말하여라! 그러니 요셉이여, 제발 우리의 잘못을 용서해 주십시오. 우리는 아우님 아버지의 하나님의 종입니다."

요셉은 이 말을 전해 듣고 울었습니다.

창세기 49장33절은 "야곱은 아들들에게 이 말을 하고 나서 자리에 누웠습니다. 야곱은 다리를 침대 위에 올려 바로 누운 뒤 마지막 숨을 거두고 조상들에게로 돌아갔습니다"라고 말씀하십니다.

언제 야곱이 형들을 불러서 허물과 죄를 용서하라고 당부의 말을 했습니까? 이것은 형들이 두려워서 지어낸 말입니다. 그 말을 듣고 요셉이 우는 데 저도 이 부분에서 눈물을 많이 흘렸습니다. 용서를 했는데 두려움에 거짓말을 하는 형들을 보니 얼마나 마음이 아팠겠습니까?

요셉이 형들에게 말했습니다.
"두려워하지 마십시오. 하나님만이 하실 수 있는 일을 내가 어떻게 하겠습니까? 형님들은 나를 해치려 했지만 하나님께서는 형님들의 악을 선으로 바꾸셨습니다. 그래서 오히려 많은 사람들의 생명을 구할 수 있었습니다. 그러니 두려워하지 마십시오. 내가 형님들과 형님들의 아이들을 돌봐드리겠습니다."
이처럼 요셉은 형들을 안심시키고 형들에게 따뜻한 말을 해주었습니다.

창세기 마지막 장을 왜 이렇게 용서로 마무리 지을까요?
여기에 하나님의 사랑이 들어있기 때문입니다.
용서란 죄에 대해서 꾸짖거나 벌하지 않고 끝내는 것입니다. 죄에는 벌을 받는 것이 맞습니다. 죄는 심판을 받는 것이 당연합니다.
그러나 죄에 대해서 심판하지 않고 벌하지 않고 깨끗이 끝내주는 것을 용서라고 합니다. 인간은 다 죄가 있습니다. 그래서 우리 모두에게 필요한 것은 용서입니다.

11

예수님의 용서

용서에 대한 원어의 내용들을 보면 '긍휼히 여기다', '관용하다', '자유롭게 하다', '면제해 주다', '풀어 주다' 등의 의미가 있습니다. 그러므로 용서라고 하는 것은 참으로 아름다운 것입니다.

당시 유대인들의 일반적인 용서의 범위를 보면 바리새인들은 두 번을 강조했고, 랍비들은 세 번까지였습니다. 우리나라에도 이와 비슷한 말이 있습니다. "참는 것도 한두 번이지"라는 말입니다. 이 말을 보면 세 번까지 참는 것은 할 수 있는 일인 것 같습니다. 글을 쓰면서 생각해 보니 저도 어렸을 때 싸우면서 이 말을 많이 했던 것 같습니다.

유대인들의 풍습에 젖어 살아온 베드로 역시 사람이 형제들의 잘못에 대하여 세 번까지 용서한다는 것은 대단한 용서라고 생각했을 것입니다. 그런데 예수님께서는 "비판을 받지 않으려면 비판하지 마라. 너희가 비판한 그대로 비판을 받을 것이며, 너희가 판단한 기준에 따라 너희도 판단 받을 것이다. 어찌하여 네 형제의 눈 속에 있는 작은 티는 보면서 네 눈 속에 있는 나무토막은 보지 못하느냐? 네 눈 속에 나무토막이 있으면서 어떻게 네 형제에게 네 눈 속에 있는 작은 티를 빼주겠다라고 말할 수 있느냐? 위선자들아! 먼저 네 눈 속에 있는 나무토막을 빼 내어라 그 후에야 잘 보여서 네 형제의 눈 속에 있는 티를 빼낼 수 있을 것이다"(마 7:1-5)라고 말씀하십니다.

남을 정죄하는 삶이 아니라 사랑과 용서, 축복의 삶을 살아야 한다는 것을 말씀하고 계십니다. 유대의 바리새인들이나 랍비들이 가르쳐 준 용서의 한계보다 더 크다는 것을 알수 있습니다. 그래서 베드로는 '일곱 번이면 충분하겠지'라고 생각하고 "주님! 형제가 제게 죄를 지으면 몇 번이나 용서해 주어야 합니까? 일곱 번까지입니까?"(마 18:21)라고 물어봅니다.

그러나 예수님은 이렇게 대답하십니다.

"일곱 번이 아니라 일곱 번씩 일흔 번까지라도 용서해 주어야 한다"(마 18:22).

이 말씀은 무한한 용서를 말씀하는 것입니다. 용서는 제한이 없습니다. "너희는 다른 사람들을 위해 무조건 이해하고 용서하며 그들을 축복하고 기도해 주라"는 말씀입니다. 우리 믿는 자들이 가져야 하는 자세이며 마음입니다.

믿음을 가지고 하나님을 아버지라 부르는, 그래서 예배 생활과 기도 생활을 하는 사람들 즉, 신앙인들 "나는 예수님을 믿습니다"라고 고백하는 사람들이라면 다른 사람들을 미워하거나 원수같이 여기는 일이 있어서는 안 된다고 하시는 말씀입니다.

참으로 위대하다는 것은 용서하는 마음에서 나타납니다.

그래서 예수님의 말씀은 끝없이 용서하라는 말입니다.

끝없이 용서하라는 말씀은 곧바로 잊어버리는 것을 말하기도 합니다.

용서는 깨끗하게, 완전하게 잊어버리는 것을 의미합니다.

상대방의 잘못을 있는 그대로 받아주고, 용납하는 것이 용서입니다.

다시 또 속는 한이 있더라도 용서해 주는 것이 예수님을 믿는 그리스도인의 참된 삶입니다.

예수님께서 비유로도 말씀하셨습니다(마 18:23-34).

「그러므로 하늘나라는 자기 종들과 셈을 가리려는 왕에 빗댈 수 있다. 왕이 셈을 시작 할 때 일만 달란트를 빚진 종을 불러왔습니다. 그 종은 왕에게 돈을 갚을 수가 없었습니다. 그래서 주인은 종에게 아내와 자녀들과 가진 것을 다 팔아 갚으라고 명령했습니다. 종은 주인의 무릎 아래 엎드려 빌었습니다.

"기다려 주십시오. 제가 모든 것을 갚겠습니다."

일만 달란트는 평생 벌어도 못 갚는 돈입니다. 그런데 이 종은 갚겠다고 합니다. 이 말에 주인은 그 종을 불쌍히 여겨 풀어주며 빚을 없던 것으로 해주었습니다.

그런데 그 종이 나가서 자기에게 백 데나리온을 빚진 동료를 만났습니다. 그는 동료의 멱살을 잡고 말했습니다.

"야! 나에게 빌린 돈을 어서 갚아!"

동료는 그 종의 무릎 아래 엎드려 빌었습니다.

"기다려 주게. 내가 모든 것을 갚겠네."

이렇게 간절히 사정하는데도 그 종은 들어주지 않았습니다. 동료를 감옥에 넣고 자기에게 빚진 것을 다 갚을 때까지 갇혀 있게 하였습니다.

백 데나리온은 충분히 갚을 수 있는 돈이었습니다. 그러나 이 악한 종은 그 동료를 감옥에 넣었습니다.

다른 동료들이 이 광경을 보고 매우 딱하게 여겨 주인에게 가서 일어난 일을 자세히 말씀드렸습니다. 그러자 주인이 화가 나서 그 종을 불러 말했습니다.

"이 악한 종아! 네가 나에게 빌기에 내가 네 모든 빚을 없던 것으로 해주었다. 내가 네게 자비를 베풀었던 것처럼 너도 네 동료에게 자비를 베풀어야 하지 않느냐?"

주인은 매우 화가 나서 그 종을 감옥에 넣고 자기에게 빚진 것을 다 갚을 때까지 감옥에 있게 하였습니다.」

"이와 같이 너희가 형제를 마음으로부터 용서하지 않는다면 하늘에 계신 내 아버지께서도 너희에게 이같이 하실 것이다."

일만 달란트는 한 사람이 평생 일을 계속해야 벌 수 있는 아주 큰돈입니다. 엎드려 주인에게 빌고 갚겠다고 하니까 주인은 자비를 베풀어서 그의 모든 빚을 탕감해 줬습니다. 탕감은 하나도 남김없이 해주는 것입니다.

얼마나 큰 은혜이며 감사한 일입니까?

그런데 이 악한 종은 겨우 백 데나리온을 갚지 않은 친구를 감옥에 넣어 버립니다. 이런 행동이 얼마나 악합니까?

우리는 엄청난 죄의 빚을 탕감 받은 사람들입니다. 그런데도 일만 달란트를 탕감 받은 무자비한 종과 같이 형제들의 작은 실수 하나를 그대로 보고 넘기지 못하는 악한 자들이 오늘날 너무도 많은 것 같습니다. 이런 모습을 보시고 하나님이 마음 아파하십니다. **용서하지 않는 자**는 이런 악한 자와 같다고 말씀하십니다.

오늘 우리는 일만 달란트라고 하는 엄청난 돈을 탕감받았음에도 불구하고 자기에게 일백 데나리온의 적은 돈을 빚진 자의 목을 잡고 빚을 갚으라고 독촉한 무자비한 종처럼 이웃에 대한 조그마한 허물 하나를 용서하지 못하는 경우가 많습니다. 비판하고 정죄하는 참으로 악한 일들을 행하는 자들이 교회 안에 많이 있습니다. 자신과 의견이 다르다고 뒤에서 욕하고 무자비하게 정죄하고 다른 사람들을 동원해 그를 괴롭히는 자들이 많습니다.

교회뿐입니까?

학교에서, 직장에서, 용서 없이 살아가는 학생과 젊은이들이 얼마나 많습니까?

이런 행동들이 나오는 이유는 예수님께서 십자가에서 고통 가운데 나 같은 죄인 때문에 피 흘려 돌아가셨다는 사실과 그 큰 은혜를 잊어버리고 살기 때문에 그렇습니다. 내가 누군가를 용서한다는 것이 손해라고 착각하기 때문입니다.

억울해서 참을 수 없다고 마음으로 분을 품기 때문에 순간 내가 크리스천이라는 것을 잊어버리는 경우가 많습니다.

간음하다 잡힌 여인에 대한 이야기도 그렇습니다.

그때 서기관들과 바리새인들이 간음하다가 현장에서 잡힌 여인 한 명을 끌고 와서 모인 사람들의 앞에 세우고 예수님께 물었습니다.

"선생님, 이 여인이 간음하다가 현장에서 붙잡혔습니다. 모세는 율법에서 이런 여자를 돌로 쳐 죽이라고 우리에게 명령했습니다. 그런데 선생님은 뭐라고 말씀하시겠습니까?"

성경은 함부로 비난하는 일을 엄격히 금하고 있습니다. 예수님 자신도 이러한 사실을 분명히 강조하셨습니다.

마태복음 7장 1-2절에는 "비판을 받지 아니하려거든 비판하지 말라 너희의 비판한 그대로 비판을 받을 것이며 너희가 판단한 기준에 따라 너희도 판단을 받을 것이다"라고 말씀하십니다.

또한 바울이 로마에 있는 성도들에게 한 말을 우리는 기억해야 합니다.

로마서 2장 1-3절에 따르면, 그러므로 다른 사람을 판단하는 사람도 변명 할 수 없게 되었습니다. 다른 사람을 판단하는 사람은 자신도 똑같은 행동을 하고 있기에 스스로를 판단하는 셈입니다. 이런 일을 행하는 사람들에게 하나님께서 의로운 심판을 내리시리라는 것을 우리는 알고 있습니다. 악한 일을 행하는 사람들을 판단하면서 사실은 자신도 똑같은 일을 하고 있는 사람에게 한마디 하겠습니다. "그대가 혹시라도 하나님의 심판을 피할 수 있다고 생각합니까?"라고 말입니다.

서기관과 바리새인들이 간음하다 잡힌 여자를 끌고 와서 가운데 세우고 예수님께 이 여자가 간음하다가 현장에서 잡혔다고 말합니다. 그러고는 "모세는 율법에 돌로 쳐 죽이라고 명했는데 당신은 어떻게 말하겠습니까?"라고 묻습니다. 이렇게 묻는 것은 예수님을 고소할 조건을 얻으려고 하는 것이었습니다.

여기서 예수님이 돌로 치라고 말한다면 어떤 일이 벌어지겠습니까?

예수님은 "내가 의인을 부르러 온 것이 아니다. 죄인을 부르러 왔다"라고 선포하시고 다니셨습니다. 그리고 실제로 수많은 죄인과 세리와 창기들과 함께 식사하며 그들에게 복음을 전하셨습니다.

만일에 여기서 이 여인을 정죄하시고 "돌로 치라"라고 말씀하신다면 예수님이 그동안 했던 말들이 거짓말이 되며 예수님의 행한 행동이 위선적인 행동으로 나타내어서 많은 사람으로부터 비웃음을 살수 있는 그런 환경이 될 수밖에 없는 상황이었습니다.

그리고 모세의 율법대로 이 여인을 돌로 치지 않는다면 어떤 일이 벌어지겠습니까? 돌로 치지 않는다면 하나님의 율법에 기록된 것을 거부하는 것이 됩니다. 예수님은 하나님을 섬기는 분이 아닌 게 되는 것입니다.

"하나님의 아들이 아니다! 메시아가 아니다! 하나님을 대적하는 사람이다! 율법을 지키지 않는 사람이다!"라고 떠들어 댔을 것입니다. 많은 사람 앞에 고소할 수 있는 그런 조건을 얻을 수 있는 상황이 될 수 있었습니다.

그러자 예수님은 몸을 굽히사 손가락으로 무엇인가 땅에 쓰기 시작하십니다. 어떤 말을 썼는지 우리가 알 수 없는 일입니다. 성경에 기록되어 있지 않기 때문입니다.

가끔 어떤 목사님들은 농담으로 이렇게 썼다고 이야기합

니다. '이 여자와 간음한 사람 이름' 하면서 돌을 들고 있는 사람의 이름을 썼다고 말하는 사람도 있습니다.

중요한 것은 아무 죄 없는 자가 "돌로 치라"라고 하자 사람들은 양심의 가책을 갖게 되고 그래서 돌을 내려놓고 자리를 떠나게 됐다는 것입니다.

"너희 중에 죄 없는 자가 돌로 치라."

이 말씀에 어떤 의미가 있습니까?

보통 사람들은 자기는 아무 죄가 없다고 생각하고 살아갑니다.

실제로 전도를 다니다 보면 "저는 죄 지은 것이 없는데요?"라고 말하는 사람이 많이 있습니다.

예수님이 하시는 말씀은 "너희들이 율법 앞에서 완벽한 자가 있다면 돌로 치라!"라고 하시는 것입니다. 예수님은 이 악한 무리의 상태를 돌아보는 시간을 갖게 하십니다.

유대인들은 모세 율법 속에서 실제로 나의 행동으로 간음을 행한 것을 가지고 간음을 했다 안 했다를 생각했습니다. 그러나 예수님은 마태복음 5장 28절에서 "그러나 나는 너희에게 말한다. 누구든지 음란한 생각으로 여자를 바라보는 사람은 이미 마음속으로 그 여인과 간음한 것이다"라고 말씀하셨습니다.

이성을 향해서 한 번이라도 음탕한 생각을 한 사람은 모두가 다 간음한 자라고 정의를 내려주셨습니다. 하나님 앞에서는 모든 사람이 죄인이라는 것을 예수님께서 선포하신 것입니다. 이러한 내면의 죄가 동일한 간음죄라는 것을 말씀을 통해 보여주고 계십니다.

'사람이라면 누구도 의인으로 있을 수 없다'라는 것을 우리는 알아야 합니다. 말씀을 통해 우리를 깨닫게 하는 것은 우리는 이미 간음한 자요, 살인한 존재라는 것을 깨달으라고 주시는 말씀인 것입니다.

그래서 로마서 3장 20절에 "그러므로 율법을 지키는 것으로 하나님 앞에서 의롭다고 인정받을 사람은 아무도 없습니다. 왜냐면 율법은 우리가 죄인이라는 사실을 알게 해주기 때문입니다"라고 사도 바울은 말합니다. 우리가 율법 안에서 죄인이라는 것을 깨닫는 것이 율법의 근본 된 의도라는 것을 알아야 합니다.

율법으로는 죄를 깨달으라고 말씀하십니다. 남을 정죄하는 것이 아니라 '바로 우리가 살인자이고 간음자'라는 것을 깨달으라고 우리에게 주신 것입니다.

이제 예수님과 여자 외에 아무도 남지 않았습니다. 예수님은 그 여자에게 말씀하십니다.

"너를 고소하던 자가 있느냐? 정죄하는 자가 있느냐?"

여자가 "주여! 없나이다"라고 말하자 예수님께서 이렇게 말씀하십니다.

"나도 너를 정죄하지 아니하노니 가서 다시는 죄를 범치 말라."

우리는 예수님이 여인에게 "나도 너를 정죄하지 않는다"라는 말에 대해서 깊이 생각해 보아야 합니다.

왜? 예수님이 이 여인에게 "나도 너를 정죄하지 않는다"라고 말씀하셨습니까?

간음한 죄인이라면 하나님의 율법에 의해서 예수님은 그 여인을 반드시 정죄해야 합니다. 정죄하지 않는다면 그것은 하나님의 율법을 지키지 않는 모습이 되기 때문입니다. 그런데 예수님은 이 여인을 편히 놓아줍니다.

갈라디아서 3장 13절에 "그리스도께서 우리를 위하여 저주를 받은 바 되사 율법의 저주에서 우리를 속량하셨으니 기록된바 나무에 달린 자마다 저주 아래에 있는 자라 하였음이라"라고 기록되어 있습니다.

예수님은 우리를 대신해서 저주를 받으셨습니다.

"나무에 달린 자마다 저주 아래에 있는 자라"라는 말씀은 저주를 예수님께서 대신 받으시겠다는 것입니다. 우리가 감당해야 할 저주와 진노를 예수님께서 우리를 위하여 감당하겠다는 **사랑의 표현**입니다.

우리는 이 말씀을 통해 하나님의 사랑과 용서 때문에 정죄를 당하고 있지 않다는 것을 깨달아야 합니다. 돌에 맞아 죽지 않고 이렇게 살아 있다는 것을 알아야 합니다. 그래서 다시는 죄를 짓지 말라는 예수님의 부탁의 말씀을 우리는 기억해야 합니다. 다시는 죄짓지 말라는 것은 우리 인간의 나약함과 연약함을 아시기에 다시 죄를 지으면 또, 방황하며 진리의 자리에 서있는 것이 힘들어지기에 이렇게 말씀하시는 것입니다.

이 여인은 진정한 용서와 사랑을 체험하는 시간을 갖게 되었습니다. 예수님은 "너를 정죄하지 아니하노니 가서 다시는 죄를 범치 말라"라고 하셨습니다.

이 말씀은 단순한 죄 사함의 선포가 아닙니다.

"너를 정죄하지 않는다."

가끔 믿는 사람들의 실수로 세상 사람들로부터 손가락질을 받거나 정죄를 받을 때가 많이 있고 뉴스에도 많이 나옵니다. 왜! 예수님을 믿는다고 하면서 정죄 받을 짓을 하는지 모르겠습니다.

예수님은 이 여인에게 이렇게 말씀하십니다.

"네가 받을 심판과 진노를 내가 담당하고 너를 영원한 천국으로 향하는 사람이 될 수 있도록 해주겠다."

이것은 십자가의 사랑을 말씀하시는 것입니다. 세상을 사랑하지 말고 하나님을 사랑하며 교제하며 살아가야 한다는 사랑의 메시지입니다.

다시는 너를 정죄하지 않는다는 이 용서와 사랑을 체험한 그 여인의 삶은 분명히 올바르고 다시는 사람들에게 돌 맞을 짓을 하지 않는 의로운 삶이 되었을 것입니다.

예수님은 우리에게 용서에 대하여 마태복음 5장 38절 이하에서 이렇게 말씀하십니다.

"또 눈은 눈으로 이는 이로 갚으라 하였다는 것을 너희가 들었으나 나는 너희에게 이르노니 악한 자를 대적지 말라 누구든지 네 오른편 뺨을 치거든 왼편도 돌려대며, 또 너를 송사하여 속옷을 가지고자 하는 자에게 겉옷까지도 가지게 하며 또 누구든지 너로 억지로 오 리를 가게 하거든 그 사람과 십 리를 동행하고 네게 구하는 자에게 주며 네게 꾸고자 하는 자에게 거절하지 말라 또 네 이웃을 사랑하고 네 원수를 미워하라 하였다는 것을 너희가 들었으나 나는 너희에게 이르노니 너희 원수를 사랑하며 너희를 핍박하는 자를 위하여 기도하라."

용서는 기도하고 그것을 실행한 사람에게 주시는 성령의 선물입니다.

누가 용서할 수 있습니까?

기도하는 자가 용서할 수 있습니다.

기도하지 않고는 상대방을 용서할 수 없습니다. 분노가 마음에서 불같이 솟아 오르기 때문입니다. 자꾸 생각이 나고 분이 나고 열이 올라서 밤에 잠을 이룰 수가 없기 때문입니다. 그래서 기도해야 하는 것입니다.

그리고 용서는 실천입니다. 실천하지 않으면 안 되는 일 중에 하나가 바로 용서입니다.

그럼 실천은 어떻게 하는 것입니까?

마음으로 하는 것입니다. 진심 어린 마음으로 상대방을 용서하는 것입니다.

용서하는 마음도 없고 진심 어린 용서의 행동도 못 하고 입으로 하는 용서도 안 돼서 평생 원수같이 사는 형제들도 많이 봤고 피를 나눈 가족끼리 평생 원수로 사는 것을 자주 봤습니다.

용서는 행동으로 실천하는 행위입니다. 마음에서 우러나오는 말과 함께 행동이 이루어져야 합니다.

그런데 이것이 쉽지 않습니다.

그래서 "기도하라"라고 주님이 말씀하십니다.

지금도 눈을 감으면 나를 힘들게 했던 사람들이 떠오릅니다. 그 사람들을 기도해 주면서 용서해 줍니다.

예수님도 십자가에 매달려서 고난을 겪으실 때 예수님의 마음을 아프게 하고 힘들게 했던 사람들이 떠오르셨을 것입니다. 스승을 배반하고 돈에 눈이 멀어서 사랑하는 스승을 팔아버린 그래서 스스로 목숨을 끊은 가룟 유다를 생각하며 예수님은 찢어지는 마음으로 눈물을 흘리시며 소리 지르셨을 것입니다.

"아버지여, 가룟 유다를 용서하여 주시옵소서."

눈물을 흘리시며 용서를 간구하실 때 사랑하는 다른 제자도 눈앞에 아른거리며 떠올랐을 것입니다. 바로 수제자 베드로의 모습도 생각이 나셨을 것입니다. "나는 예수를 모른다"라고 저주하며 "저 사람도 그 무리 중 한 사람…"이라고 말하는 사람을 째려보면서 예수님을 십자가에 못 박아 죽이라고 말하는 사람들과 똑같은 모습으로 있었던 수제자 베드로의 얼굴이 예수님은 생각나셨을 것입니다. 예수님은 찢어지는 마음으로 소리를 지르셨을 것입니다.

"아버지, 베드로를 용서하여 주시옵소서"라고 더 큰소리로 우시면서 용서를 간구하셨을 것입니다.

예수님을 구세주라고 "호산나 호산나" 노래를 부르며 종려나무 가지를 흔들던 군중들, 제사장의 꼬임에 넘어가 예수님을 "십자가에 못 박으소서"라고 소리 지르는 그 모든 사람들이 얼마나 미웠겠습니까? 얼마나 싫었겠습니까?

싫지만 예수님은 아버지께 간절히 부탁하셨습니다.

"아버지여, 저들의 죄를 용서해 주시옵소서"라고 말입니다.

예수님을 믿는 자라면 예수님이 하셨던 행동을 본 받아서 살아야 하는 것 아닙니까?

이것이 믿음이고 이것이 믿음 생활이라고 저는 생각합니다.

믿는 사람들이 믿음으로 살아가는 것이 힘든 이유는 하기 싫고 힘든 것을 해야 하기 때문입니다. 크리스천의 삶이 고달프고 힘든 겁니다. 세상 사람들이 우리를 바보라고 손가락질하더라도 우리는 해야 합니다. 싫은 것을 해야 합니다.

남을 용서하는 것은 정말 싫을 것입니다. 그래서 "안 보면 그만이지 난 용서 못 해!"라고 소리치고 마음의 문을 닫고 사는 사람들이 많습니다. 그런데 이것은 나중에 더 큰 문제를 가지고 옵니다. 풀 수 없는 문제가 될 수도 있습니다.

용서하는 마음을 갖는 것이 정말 큰마음입니다.

이 마음을 갖기를 부탁드립니다.

"우리가 우리에게 죄지은 자를 용서한 것 같이 우리 죄를 용서해 주옵소서."

주님이 가르쳐 주신 기도입니다.

이 기도의 큰 의미는 마음의 자유이며 평안입니다.

용서하는 자, 용서받는 자, 다 동일하게 영적으로 삶의 평안이 깃듭니다.

세계 제1차 전쟁 때 독일군이 벨기에 전체를 점령하여 노인들과 어린이들을 학살했습니다. 그들은 피난길에서 돌아와 학살된 현장을 보면서 눈물로 장례를 치렀습니다.

주일이 되어 폐허 속에서 예배를 드리는데 주기도문을 드릴 수 없었습니다. 천인공노할 독일군들을 용서할 수 없었기 때문이었습니다. 1차, 2차, 3차 예배 때까지 주기도문을 하지 못했습니다.

네 번째 주일이 왔을 때 그 동네 시장이 일어나서 비장한 선언을 했습니다.

"이제 독일군들의 죄를 용서하고 주기도문을 올립시다."

이에 호응하여 온 교인들은 눈물을 흘리면서 독일군들을 용서했고 주기도문을 끝까지 기도할 수 있었다고 합니다.

이것이 우리에게 축복입니다. 예수님이 가르쳐 주신 기도문은 모든 인간이 드려야 할 마땅한 기도문입니다.

주님은 말씀하십니다.

하나님께 예물을 드리기 전에 먼저 형제와 화목하라고 권하십니다. 형제의 잘못을 먼저 용서하지 않으면 하나님의 용서를 받을 수가 없기 때문입니다.

"너희가 사람의 과실을 용서하면 너희 천부께서도 너희 과실을 용서하시리라"라고 예수님은 분명히 하셨습니다.

"남을 비판하지 말라. 네 눈 속에 들보가 있는데 형제의 눈의 티만 보고 네 눈 속에 있는 들보를 보지 못하면 쓰겠느냐?"

예수님은 말씀으로만 교훈하신 것이 아니고 더욱더 잘 이해시키시기 위하여 비유를 이용하여 용서의 마음을 갖도록 애쓰셨습니다.

사마리아 여인에 대한 이야기를 살펴봅시다.

"사마리아 여자 한 사람이 물을 길으러 왔으매 예수께서 물을 좀 달라고 하시니 이는 제자들이 먹을 것을 사러 그 동네에 들어갔음 일러라."

사마리아 여인은 과거가 있는 여인이었습니다.

그것도 남편이 다섯이나 있었던 여인이면서 지금 살고 있는 남편도 그녀의 남편이 아닙니다. 이건 슬픈 과거이면서 더러운 짓입니다.

이렇게 살아가는 사람의 얼굴 표정이 밝겠습니까?

이 모습은 우리의 본래의 모습을 보여 주는 것입니다.

우리는 모두 슬프고 부끄러운 과거를 가지고 있는 사람들입니다. 우리 인생이 이렇게 부끄러운 과거가 있는 불완전한 인생인 줄 우리는 알아야 합니다.

그래서 어느 누구도 다른 사람을 정죄하지 못합니다. 다른 사람의 연약함에 대하여 손가락질하지 못합니다.

그러나 어리석은 사람은 스스로 의로운 줄 착각하고 남을 정죄하는 죄에 빠집니다. 용서하지 못하고 더 미워하고 저주하고 그 잘못을 꼬투리 잡고 비아냥거리고, 그것을 가지고 욕하고 더럽게 여깁니다.

우리는 어리석은 자가 되지 않아야 합니다.

우리는 이 여인과 같이 우리 자신이 그런 인생임을 고백해야 합니다. 그리고 무엇으로도 채울 수 없는 불만족이 있는 존재임을 알아야 합니다.

목마르지 않는 용서함을 받아서 갈증을 풀어주는 생수 같은 분 바로 예수님과 함께 살아가야 합니다. 오직 예수님 때문에 사는 삶이 되어야 합니다.

예수님을 만난 이 여인은 모든 것이 해결되고 풍성한 삶을 살게 되었습니다. 이 여인의 변화된 삶처럼 저도 변화된 삶이 되었습니다. 언제나 목이 마르고 갈증이 나고 폭발할 것 같은 삶이었지만 복음을 전하고 행복한 삶이 되었습니다. 우리 모두 이렇게 살 수 있습니다.

전도사 때의 일입니다.

전국 강사로 한참 인지도가 높아질 때 제자가 인터넷에서 레크리에이션 강의 테이프를 팔기에 샀는데 영상에 나오는 분이 저라는 것입니다. 그래서 제가 화가 나서 소리치며 말했습니다.

"그게 말이 되냐? 정말이야? 아니 미치지 않고 어떻게 남의 강의를 찍어서 인터넷에서 팔아?"

제자에게 재차 물어보고 테이프를 가지고 오라고 해서 봤더니 진짜 제 강의를 찍어서 인터넷에서 팔고 있었습니다.

저보다 제자들과 간사들이 화가 나서 "절대로 용서하면 안 된다"라고 화를 냈습니다. 우리는 일단은 만나보자는 마음으로 그 사람에게 전화해서 만났습니다.

그는 머리를 숙여 잘못을 사과하며 "다시는 안 그러겠다"라고 말했습니다. 저는 "알았습니다. 정말 다시는 이런 일이 없기를 바랍니다"라고 짧게 용서의 말을 하고 기도까지 해

주고 돌려 보냈습니다.

이렇게 하는 것이 쉽지 않았습니다. 그가 저지른 일이 너무도 엄청나서 어이가 없었습니다. 남의 것을 촬영해 인터넷에서 판매했다는 것이 기가 막혔지만 이상하게도 용서하는 마음이 들었습니다. 이런 마음을 주신 분이 하나님이시며 제가 받은 은혜와 사랑이 커서 나오는 마음이었던 것 같습니다.

이뿐만이 아닙니다. 우리가 캠프를 할 때 다른 단체에서 사람을 보내서 우리 영상과 자료를 usb에 담아서 훔쳐 가는 자를 잡았습니다. 그 청년도 그냥 용서하고 보냈습니다. "가만두면 안 된다"라고 간사들이 난리를 쳤습니다.

그런데 가만 안 두면 어떻게 합니까? 잡아다가 때립니까? 죽입니까? 고발합니까?

화가 머리끝까지 나고 기가 차서 말이 나오지 않았지만, 없던 일로 하고 잊어버렸습니다. 잊어버리니까 마음이 편했습니다. 안 그러면 매일 분해서 어떻게 삽니까? 살 수 없습니다. 지금 생각해 보면 어이없는 일들이 많았던 것 같습니다.

저는 아버지가 싫었습니다.

미웠습니다. 죽이고 싶을 정도로 미웠습니다. 용서가 안 되는 분이었습니다. 말로 표현할 수 없을 정도로 보기 싫고 같이 밥 먹고 싶지도 않았습니다. 일부러 아침을 먹지 않고 학교에 가고 아버지가 없을 때 혼자 밥을 먹었습니다.

생각하기도 싫은 아버지였습니다.

그런데 어머니와 이혼하신 지 13년 만에 우리 집 근처의 고시원에서 거의 노숙자처럼 살고 계시다는 말을 누나에게 듣고는 아버지를 용서하고 집으로 모시고 와서는 복음을 전하고 믿음 생활을 하며 같이 살게 되었습니다.

쉽지 않은 일이었지만 하나님께서 이런 마음을 주셨고 저는 행동에 옮겼습니다. 행동에 옮기니까 지금도 아버지를 볼 때마다 마음이 기쁘고 행복합니다.

그런데 남을 용서하기 전에 먼저 믿는 사람이 해야 할 일이 있습니다. 자기 자신을 용서하는 것입니다.

저는 저 자신이 너무 미웠습니다. 저 자신이 너무 싫었습니다. 제 성격도 싫고 제가 생각하는 것도 제가 행동하는 모든 것들 때문에 저 자신이 밉고 싫었습니다. 그래서 자살하려고 했고, 타락하며 살려고 했습니다.

아버지에 대한 원망과 미움이 다른 사람을 해하려는 폭력적인 사람으로 변하는 것 같았습니다. 나 자신을 먼저 용서하지 않았다면 이 자리에 있지 못했을 것입니다. 우리는 스스로 괴로워하거나 자신을 미워하지 말아야 합니다. 하나님께서 우리의 죄를 용서해 주시고 우리를 사랑해 주신 것처럼 **하나님은 우리를 너무나 많이 사랑하십니다.**

하나님 아버지의 말씀입니다.

"너는 내 사랑하는 아들이다. 내가 직접 낳았다"라고 말씀하십니다.

"내가 여호와의 명령을 전하노라 여호와께서 내게 이르시되 너는 내 아들이라 오늘 내가 너를 낳았도다"(시 2:7)

위 말씀은 하나님의 아들이 된 모든 성도의 특권을 선포하고 있습니다.

우리는 '오늘'에 주목해야 합니다.

오늘 바로 지금 우리를 사랑하시고 우리를 위해 돌아가신 예수님이 말씀하십니다.

"누구든지 나를 믿는 자는 멸망하지 않고 영생을 얻을 것"이라고 말입니다.

예수님을 믿으면 하나님의 자녀가 됩니다.

자녀가 된 날을 기억하십시오.

예수님은 왕이시고 대제사장이십니다. 이 명칭들은 하나님의 아들이신 예수님만이 받으실 수 있는 명칭들입니다. 그런데 이 명칭들을 우리에게도 허락하셨다는 것입니다. 바로 오늘….

하나님의 아들은 당연히 왕이요, 제사장이 되는 것입니다. 하나님께서 성령의 능력으로 허물과 죄로 죽었던 우리를 살리셨습니다. '오늘날' 우리를 하나님의 아들로 삼아주셨습니다. 왕으로 세워주셨습니다. 제사장이 되게 해주셨습니다.

이것은 엄청난 특권입니다.

아무나 하나님의 아들이 되는 것이 아닙니다. 우리에게는 한 사람 한 사람 모두에게 하나님의 자녀가 된 '오늘'이 있습니다. 우리가 지은 죄로 말미암아 죽었던 우리를 살려주시고 하나님의 아들로 삼으신 '오늘'이 있습니다.

오늘 우리는 왕으로 세움 받고 제사장이 되었습니다.

사도 바울은 죄 사함을 받고 하나님의 자녀가 된 기쁨을 로마서 15장 14-16절을 통해 "하나님의 복음의 제사장"이라고 선포합니다.

이제 죄 사함 받고 복음을 전하는 제사장이 되었다고 말입니다.

"내 형제들아, 너희가 스스로 선함이 가득하고 모든 지식이 차서 능히 서로 권하는 자임을 나도 확신하노라 그러나 내가 너희로 다시 생각나게 하려고 하나님께서 내게 주신 은혜로 말미암아 더욱 담대히 대략 너희에게 썼노니 이 은혜는 곧 나로 이방인을 위하여 그리스도 예수의 일꾼이 되어 하나님의 복음의 제사장 직분을 하게 하사 이방인을 제물로 드리는 것이 성령 안에서 거룩하게 되어 받으실 만하게 하려 하심이라."

죄 사함 받은 은혜가 너무 커서 복음을 전하는 제사장의 삶을 사는 바울의 모습을 생각해 보십시오. 생각만 해도 은혜가 되고 도전이 됩니다.

하나님 아버지께서 "너는 내 아들이라. 내가 오늘날 너를 낳았도다"라고 선포하십니다. 여호와께서 하늘의 천사들과 세상 권세들과 어두움의 주관자들 앞에서 선포하신 '오늘'이 있습니다.

첫 번째로 바로 하나님의 아들이 된 날이 '오늘'입니다.

우리 이렇게 기도합시다.

하나님의 아들답게 살게 해 달라고, 딸같이 살게 해 달라고….

두 번째는 왕으로 세워졌다는 것입니다.

그런데 중요한 것은 세 번째입니다.

세 번째는 제사장으로 세워주셨다는 것입니다.

왜? 제사장이 중요합니다.

하나님과 사람을 만나게 하는 일이 '제사장'이기 때문입니다.

하나님을 모르는 자에게 하나님을 소개하는 것이 오늘날 제사장의 본분입니다.

"구름이 회막에 덮이고 여호와의 영광이 성소에 충만하다"(출 40:34)라는 것은 하나님이 회막의 지성소에 계신다는 의미입니다.

회막은 '만남의 장막(Tent of Meeting)'입니다.

친구를 하나님과 만나게 해주는 일을 하고 사는 것, 원수를 용서하고 그를 하나님과 만나게 해주는 것, 이것이 오늘날 하나님의 아들로서 해야 하는 가장 중요한 일입니다.

위에도 말씀드렸지만, 사도 바울은 하나님의 복음의 제사장 직분을 그전의 삶보다 더 귀하게 여겼습니다. 그 직분을 감당하기 위해 배고픔도 환난과 핍박도 죽음의 위험 속에서도 복음의 제사장 직분을 순교할 때까지 감당하셨습니다.

그 일을 우리에게도 맡기셨습니다.

우리는 부끄러워하지 말고 이렇게 선포해야 합니다.

"하나님의 아들이신 예수님이 나의 죄 때문에 십자가에 못 박혀 돌아가시고 부활하셨습니다. 그 예수님이 나의 죄를 용서해 주셨고, 나는 그분 때문에 하나님이 만들어 놓으신 하늘나라에 들어갈 수 있습니다. 나는 나 때문에 십자가에 못 박혀 돌아가시고 부활하신 예수님을 믿습니다!"

그래서 예수님을 믿어야 합니다.

"예수님을 믿지 않고는 어느 누구도 천국에 들어갈 수 없습니다"라고 전도해야 합니다.

이것이 정말 중요한 제사장으로서의 역할입니다.

강도사 때의 일입니다.

어린이 청소년 사역을 하다 보니 어디에서든지 아이들에게 복음을 전하고 어린이와 청소년들이 불쌍하다는 마음이 늘 있었습니다. 그런데 어른들을 보면 그런 마음이 생기지 않았습니다. 앞으로 목사가 될 사람이 누구든지 불쌍히 여기고 안쓰럽게 생각해서 복음을 전해야 하는데 어른들에게는 복음을 전하려는 마음이 생기지 않아서 교회에서 운영하는 전도학교에 등록해 훈련을 받았습니다.

지하철 4호선을 타고 사당까지 가는 동안 외치면서 복음을 전했습니다. 우리 조원들이 "그래도 강도사님이신데 먼저 시범을 보여달라"라고 해서 어쩔 수 없이 그 많은 사람 앞에서 복음을 전했습니다.

그런데 지하철을 꽉 채운 많은 사람들이 혼이 없는 사람들처럼 보였습니다. 주일임에도 사람들로 꽉 찬 지하철 안에서 뒤꿈치를 세우고 소리를 지르면서 말씀을 전했습니다.

그 사람들은 제 말을 듣지 않는 것 같았습니다. 그들의 모습들은 멍한 것처럼 보였습니다. 저는 벽을 향해 소리를 지르는 느낌을 받았습니다. 저는 그들이 어디에서 내리고 어디로 가는지 나중에 알았습니다. 과천 경마장 역에서 내리는 사람들이었다는 사실을 말입니다. 내 뒤에 하시는 분은 사람이 몇 분 없는 상태에서 더 힘차게 복음을 외쳤습니다.

그다음 주에는 큰 백화점 앞에서 동서남북을 향해 돌면서 5분씩 외치는 훈련을 했는데 정말 힘들었습니다. 수많은 사람들이 "시끄럽다", "미친놈이다"라고 하면서 지나가는데 제 마음속에는 이 사람들을 사랑하는 마음이 없었습니다. 불쌍히 여겨지지도 않았습니다. 그냥 형식적으로 외치는 제 모습이 부끄러웠습니다. 진정성이 없는 훈련이었습니다.

순간 제가 가르치는 소년부 아이들이 "와~ 우리 강도사님이다"라며 다가와서 인사를 하는데 너무 행복했습니다. 기뻤습니다. 나 같으면 창피해서 모른 채 하고 지나갔을 텐데…. 이 아이들은 내가 반가운지 다가와서 인사를 했습니다. 천사 같은 아이들이었습니다.

그때 상황을 어떻게 표현해야 할지 모르겠습니다.

그냥 눈물이 흐르면서 지나가는 모든 사람들이 불쌍했고, 이 모든 사람이 예수님을 믿었으면 좋겠다는 마음이 들면서 더 크게 사랑하는 마음으로 복음을 전했습니다. 눈물을 흘리면서 더 큰소리로 복음을 외쳤던 기억이 납니다.

우리는 아들로서, 왕으로서 누리려고 하지 말고 복음을 전하는 제사장의 역할을 잘 감당해야 합니다. 또, 한 가지 제사장 역할은 정결한 교회, 거룩한 교회인 아버지의 집을 지키며 '관리하는 제사장'입니다.

"내 집은 만민이 기도하는 집이라"(막 11:17)라는 예수님의 호통 소리를 우리는 늘 기억하며 살아야 합니다. 교회를 예배드리기에 합당한 분위기와 장소로 내가 관리해야 하는 것입니다. 이것이 우리 모두가 해야 할 마땅한 일입니다.

이것은 목사나 사모가 하는 것이 아닙니다. 관리 집사가 하는 것이 아닙니다. 하나님을 "아버지"라고 부르는 자녀들이 하는 것입니다.

세상을 관리하는 마귀 종의 삶은 이제 버리고 하나님을

사랑한다면 거룩한 아버지의 집을 위해 전도하고 관리하는 제사장으로 살아가시기를 주의 이름으로 부탁드립니다.

지금까지 친구들에게 끌려다녔습니까?

세상 문화에 끌려다녔습니까?

이제 '복음의 제사장', '관리하는 제사장' 직분을 사랑하고 행복한 삶을 사십시오. 주님의 사람이 되셔서 주님이 주시는 능력으로 사랑하는 부모님을 교회로 인도하십시오. 사랑하는 친구를 교회로 인도하십시오.

제가 어린이와 청소년 부흥회 때 자주 쓰는 말이 있었습니다.

병이 생기면 어디에 갑니까? 병원에 갑니다.

병원에 가면 누구를 만납니까? 의사를 만납니다.

의사를 만나면 무엇을 줍니까? 약을 줍니다.

약을 주면 의심하고 안 먹습니까? 아니면 의사가 줬으니 믿고 먹습니까? 의사가 줬으니까 믿고 먹습니다. 그러면 시간이 지나 치료가 됩니다.

마찬가지로 우리가 영적으로 병이 생기면 어디로 갑니까? 교회로 가야 합니다.

교회에 가면 누구를 만납니까? 목사님을 만납니다.

목사님을 만나면 무엇을 줍니까? 목사님도 약을 줍니다. 바로 신약과 구약을 줍니다.

이 약을 먹어야 삽니다. 의심하고 먹지 않으면 죽습니다. 의심하지 않고 먹어야 삽니다. 그러면 치료가 됩니다. 치료된 사람은 늘 감동의 눈물로 삽니다.

이곳 선교지는 이슬람 국가이기 때문에 집회가 어렵습니다. 그래서 관광지 근처 호텔에서 모임을 합니다. 돈을 벌기 때문에 호텔에서는 빌려주지만, 한 번은 쫓겨난 적이 있습니다. 이유는 "왜! 너희들은 소리를 지르고 우냐?"라는 것이었습니다.

레위기에서 제사장들에게 계속 강조하는 것이 "너희는 거룩하라"입니다.

거룩한 사람이 이끕니다. 세상 정치 지도자들을 보십시오. 누가 국민에게 지지를 받고 인정받습니까? 겉과 속이 다른 사람은 아닙니다. 정직하고 바르게 정치하는 사람입니다. 국민은 그것을 압니다. 국민은 실천하는 사람, 말한 것을 지키는 사람을 좋아합니다.

마찬가지입니다. 누가 우리를 따릅니까?

누가 우리의 말을 믿습니까?

사람들은 거룩하게 믿음 생활을 하는 사람을 따르고 믿습니다. 그런 사람을 신뢰합니다.

후배 전도사가 결혼 전에 믿지 않는 자매와 교제를 했는데 그 자매가 "전도사님은 정말 하나님을 믿는 사람 같아요"

라고 말했다고 합니다.

이 말의 의미는 무엇일까요?

그동안 믿는 사람들을 많이 봤지만 전도사님은 진짜 같다는 말입니다.

얼마나 험하고 악한 세상입니까?

신학생도 목사도 인정받지 못하는 세상입니다. 이런 세상에서 진실한 리더로서 거룩의 모습을 보이고 교회로 인도하고 선한 자리로 인도하는 주도권을 가지고 사람들을 사랑의 자리로, 축복의 자리로 인도하는 '복음의 제사장', '관리의 제사장'들이 되기를 소망합니다.

이렇게 되기를 소망한다면 지금 빨리 하나님의 말씀을 읽어야 합니다.

지금 당장 하나님의 말씀을 들어야 합니다.

지금 예배드리는 자가 되어야 합니다.

말씀이 생명입니다.

제가 '더 빨리 이 귀한 말씀을 깨달았으면 제 자신을 미워하고 용서하지 못해 괴로운 시간을 보내지 않았을 텐데…'라고 생각합니다. 지금 제 말이 진실이라고 느끼신다면 자신을 용서하고 사랑하기를 주의 이름으로 부탁드립니다.

모든 것을 다 용서해 주시는 하나님을 믿으십시오.

저는 믿습니다. 믿었습니다.

저를 변화시키신 분이 하나님이십니다.

저는 제가 지은 죄 때문에 너무 힘들었습니다.

그런데 하나님이 저의 죄를 용서하시고 지금 사용하고 계십니다.

'죄를 사함 받는 것'은 나의 죄를 용서해 주시고 구원을 받을 자로 살아가게 해주신다는 이야기입니다. 나의 죄를 사함 받는 것은 너무 큰 하나님의 선물입니다.

저는 너무 큰 선물을 받아서 말을 다 할 수가 없고 이 책에 다 기록할 수가 없습니다. 친구로부터 너무 큰 선물을 받으면 말을 할 수 없어서 입을 벌리고 한참 감동에 빠지는 것 같이 그냥 감동하여 멍하니 서있는 것 같은 것입니다.

오래전 현지 동역자 자매가 저희 부부 결혼기념일에 영상을 만들어서 보내줬는데 너무 큰 감동이라 말을 할 수가 없었습니다. 사진으로 달력을 만들어 준 분도 있었습니다.

우리 부부의 입에서는 그저 "야~ 이거. 와! 정말! 너무!"라는 감탄사만 나올 뿐이었습니다.

너무 행복했습니다. 너무 기뻤습니다.

죄 사함 받은 것은 오랜 시간이 흘러도 변하지 않는 행복입니다.

죄 사함 받고 구원받은 자로 살아가는 자는 늘 힘이 넘칩니다.

신학자 존 A. 맥케이는 "구원은 오히려 인생의 행로에서 행동하도록 힘을 부여해 주는 벨트"라고 말했습니다. 우리가 일하거나 길을 걸을 때 허리에 매는 벨트는 매우 중요한 역할을 합니다. 유대인들도 일을 할 때와 달려갈 때 허리에 끈을 동여매고는 일하고 뛰었습니다. 허리띠는 몸 전체에 균형을 유지해주는 역할을 합니다.

구원도 마찬가지입니다.

구원을 받은 사람과 그렇지 않은 사람과의 모습은 큰 차이가 있습니다. 구원의 확신을 허리에 차고 달려가는 사람은 힘 있고 바르게 걸어갑니다.

하나님께서 십자가에서 간구하시는 예수님의 부탁을 들으시고, 모든 인류의 죄를 용서하십니다. 예수님을 통해 우리와 하나님과의 화해의 길이 마련되었습니다.

하나님의 모든 인류의 죄의 용서는 우리를 변화시킵니다. 우리의 삶을 새롭게 만들어 주시고 행복의 길로 인도하십니다. 우리에게 너무나 기쁘고 행복한 새로운 삶을 주셨습니다. 우리 안에 새로운 나를 세우는 것이 '거듭남'입니다.

저는 새롭게 거듭났습니다.

하나님 없이 살던 인생이 하나님과 동행하고 거룩하신 하나님을 의지하고 그분과 대화하고 그분 없이는 살 수 없는 사람이 되었습니다. 초등학교 2학년 때부터 신앙생활을 했지만 내 안에 하나님이 없었습니다.

군대 제대할 때까지 없었습니다. 제가 교회 다니는 것, 믿음 생활하는 것이 어머니의 소원이라 그대로 해드리고 산 것이지 인격적으로 예수님을 만나지 못했습니다. 많은 체험과 경험을 하고 교회에서 봉사도 하고 많은 은혜를 입었지만 진정한 사랑과 믿음이 없었습니다.

우리가 주기도문을 할 때 "죄를 사함 받는 것을 믿습니다"라고 고백할 때 그것은 죄의 용서만이 아니라 "새로운 삶을 만들어 갈 수 있다는 것을 믿는다"라는 의미입니다.

삭개오는 우리나라로 따지면 일본 앞잡이 같은 놈입니다.

같은 민족을 아프게 하고 착취해서 자기 배만 채우는 버러지 같은 놈입니다. 영화나 드라마에 보면 가끔 악인들의 내면을 비추는데 그들의 모습은 늘 외롭습니다. 하루도 편하지 못합니다.

삭개오도 그랬을 것입니다.

그런데 어느 날 참 희망의 소리를 듣습니다. 동네에 구세주라는 분, 예수님이 오신다는 소식을 듣습니다. 삭개오도 그 예수님을 보고 싶었을 것입니다. 사람들이 웅성웅성합니다.

"예수님이 소경도 고치셨데. 소경이 뭐야. 나병 환자도 고치시고 앉은뱅이도 일어나게 하셨다는데…."

삭개오는 이런 이야기를 듣고 궁금해서 견디질 못합니다.

하지만 키가 작아 예수님을 볼 수가 없었습니다. 삭개오는 바로 앞에 있는 뽕나무에 올라갑니다. 제가 있는 이 나라에도 뽕나무가 있는데 뽕나무에서 나오는 상황버섯이 건강에도 좋아서 많은 사람들이 채취를 합니다. 저도 버섯을 따려고 올라가 보려고 했는데 못 했습니다. 이 나무에 올라가는 것이 쉽지 않습니다. 제 키가 175cm인데 올라가지 못했습니다. 이스라엘 사람들은 하얀색의 통치마 같은 옷을 입습니다.

그 상태에서 나무에 올라가는 것은 어려운 일입니다. 옷을 들쳐 올려야 가능합니다. 그러면 어떻게 됩니까? 속옷이 다 보이겠지요? 얼마나 창피합니까?

삭개오는 아마 제가 이야기 한 모양새를 하고 나무에 올라갔을 것입니다. 옷을 위로 올려 허리에 감싸고 곰처럼 낑낑거리며 나무에 올라가서 예수님을 만났습니다.

삭개오는 '자신은 죄인이고 자신의 재산을 가난한 자들에게 나눠주고 착취한 것이 있으면 4배로 갚을 것'이라고 고백합니다. 예수님은 "너도 아브라함의 자손이다. 이 집에 구원이 이루어졌다"라고 말씀하시며 축복해 주십니다.

삭개오는 앞으로 돈으로 살지 않겠다고 한 것입니다. 삶의 희망이신 예수님을 따라 살겠다는 것입니다. 삭개오는 죄의 사함을 받고 마음의 평안함이 왔습니다. 가장 행복한 것을 취한 것입니다.

새롭게 새 마음을 가지고 출발하는 삭개오의 모습에 우리는 믿음과 소망, 사랑으로 살아갈 수 있는 새로운 피조물의 길을 보게 됩니다.

축복의 길이 길이 열려 있습니다. 그것은 하나님이 우리에게 주신 약속입니다. 우리는 그 사실을 믿어야 합니다.

우리는 엄청난 용서의 복을 받은 자들입니다. 그러므로 우리는 이유를 막론하고 무조건 용서의 삶을 살아야 합니다. 우리가 하나님께 빚진 이상 이 세상의 누구도 우리에게 빚진 자가 될 수 없습니다. 상대가 나를 용서하지 않아도 하나님께서 우리를 용서하셨으니 이유를 따지지 말고 무조건 용서해야 합니다.

지금 당장 우리 가까이에 있는 부모 형제를 용서합시다.

친구를 용서합시다.

교우들을 용서합시다.

직장 상사를 용서합시다.

배반한 자, 무시한 자, 미워하고 괴롭힌 자, 아니 원수까지도 용서합시다.

그들에게 당한 아픈 상처를 생각하지 말고 주님의 사랑과 그들의 영혼을 사랑하는 뜨거운 가슴으로 용서합시다.

12

하나님의 용서

하나님께서는 우리에게 말씀하셨습니다.

"오라 우리가 서로 변론하자 너희 죄가 주홍 같을지라도 눈과 같이 희어질 것이요 진홍같이 붉을지라도 양털같이 되리라"(사 1:18)

우리의 아버지 되시는 하나님은 우리에게 오라고 말씀하십니다.

자녀들이 가야 할 곳은 아버지의 집입니다. 그의 품에 안겨서 편히 살아야 합니다. 자기가 지은 죄 때문에 스스로 정죄하고, 열등감이나 좌절감에 빠져서 부모를 등지는 일이 없어야 합니다. 특히 우리의 영적인 아버지 되시는 하나님을 등지고 살면 안 됩니다. 하나님은 사랑이 많으셔서 우리가 다시 되돌아온다면 용서해 주시고 안아주십니다.

비록 죄로 물들어서 너무 더럽고 지저분하고 냄새가 나도 하나님은 따뜻하게 안아주십니다.

큰딸이 어렸을 때 놀이터에서 흙과 모래로 떡을 만들고 놀았는지 더러운 손으로 아빠의 목소리에 달려와서 품에 안겼습니다. 저는 양복이 더럽혀지더라도 그 아이를 외면하지 않고 꼭 안아줬던 기억이 납니다.

사랑하는 자녀가 뛰어놀다가 자기 몸이 더러워진 것도 모르고 아버지를 보자마자 달려들어 안기듯이 하나님도 우리의 더러움을 보지 않고 냄새도 맡지 않고 그 자녀를 기뻐하며 꼬~옥 안아줍니다.

하나님을 '아버지'로 인정하고 찾아왔다는 것만으로 말입니다.

이것이 아버지의 용서이며, 사랑입니다.

'죄(罪)가 무엇입니까?

죄란, 아버지를 떠나서 아버지 없이 살아가는 삶을 의미합니다.

죄는 하나님 아버지께서 우리에게 약속하신 희망의 삶을 거부하고 받아들이지 않는 것입니다.

저는 희망의 삶을 거부하고 오랜 세월을 너무 소홀히 여기며 살아왔습니다. 되돌아보면 너무 가슴이 아픕니다. 그래서 이 책을 쓰게 되었습니다. 하루라도 빨리 저 같은 청소년과 청년들이 하나님을 빨리 인격적으로 만나기를 소망하기 때문입니다.

하나님이 우리에게 주시는 선물은 죄의 용서입니다.

탕자의 비유에서 둘째 아들이 아버지에게 재산을 달라고
해서 그 재산을 다 탕진하고 비참한 삶의 자리에서 제정신
으로 돌아와 자신의 모습을 보게 됩니다. 절망적인 자리에
서 자신의 삶을 청산하고 새로운 출발을 하려고 아버지의
품으로 돌아옵니다. 아버지는 품을 떠나 집을 나간 아들이
언제 돌아오려나 매일같이 잘 보이는 언덕에 올라가서 다리
도 아프시고 힘드실 텐데 사랑하는 아들을 기다리는 모습이
그려집니다.

아버지의 집을 떠난 이 아들은 새로운 출발에 들뜬 마음
과 새 소망을 가지고 마음대로 살았는지 모르지만, 아버지
없이는 소망을 이룰 수 없다는 것을 알게 됩니다. 본인 스스
로 할 수 있는 아무런 힘이 없다는 것을 발견합니다.

모든 것을 다 잃고 절망과 좌절 속에 탕자는 아버지 집으
로 돌아가야겠다고 생각합니다.

여기서 새로운 출발이 시작됩니다.

아버지 집으로 돌아가는 생각 그 생각을 하는 것이 얼마
나 중요한지 모릅니다. 그가 생각하고 그가 알고 있던 아버
지는 용서하고 기다리는 자비로우시고 사랑이 많으신 아버
지라는 것을 알고 있었습니다. 그는 용기를 내서 그 아버지

께로 돌아갑니다.

그때 아버지는 그를 거절하지 않고 두 팔을 크게 벌려 그를 꼭 안아줍니다. 어린아이가 시궁창에서 놀다가 달려와도 안아주는 아버지처럼 꼭 안아줍니다.

안아주는 것뿐 아니라 더러운 볼에 입술을 대고 귀에 속삭입니다.

"사랑하는 아들아! 힘들었지? 잘 왔다. 고맙다. 내가 많이 기다렸단다"라고 말씀하십니다.

그 아버지는 입맞춤뿐 아니라 품에 꼭 안아 동네 사람들로 하여금 아들을 보호합니다. 동네 사람들이 돌로 치지 않도록 감싸 안아줍니다.

살아있는 아버지에게 재산을 달라고 하는 것은 돌에 맞아 죽는 일이기 때문에 그렇습니다. 탕자는 그랬습니다. 살아 계신 아버지에게 재산을 달라고 했습니다.

이것은 아버지가 빨리 돌아가시라는 아주 불경 중에 불경 죄입니다. 당시에는 이런 자식은 돌로 쳐 죽였습니다. 아버지를 배반하고 집을 나갔음에도 불구하고 아버지는 둘째 아들을 맞아들여 다시, 그의 잃어버린 자리에 앉힙니다.

"지금부터는 아버지의 아들이라 일컬음을 감당하지 못하겠나이다. 나를 품꾼의 하나로 보소서 하리라 하고 이에 일어나서 아버지께로 돌아가니라 아직도 거리가 먼데 아버지가 그를 보고 측은히 여겨 달려가 목을 안고 입을 맞추니 아들이 이르되 아버지 내가 하늘과 아버지께 죄를 지었사오니 지금부터는 아버지의 아들이라 일컬음을 감당하지 못하겠나이다 하나 아버지는 종들에게 이르되 제일 좋은 옷을 내어다가 입히고 손에 가락지를 끼우고 발에 신을 신기라 그리고 살진 송아지를 끌어다가 잡으라 우리가 먹고 즐기자 이 내 아들은 죽었다가 다시 살아났으며 내가 잃었다가 다시 얻었노라 하니 그들이 즐거워하더라"(눅 15:20-24)

제가 하나님 아버지의 집을 떠났던 탕자였습니다.

아버지께로 돌아온 저는 아버지의 품 안에서 참 기쁨과 행복이 있었습니다.

축복의 삶이 있었습니다.

세상과 살 때는 축복을 모르고 살았습니다.

세상에 한 발 교회에 한 발, 양쪽을 다 밟고 평안도 없고 기쁨도 없고 축복도 없는 삶을 살았습니다. 그런 저에게 하나님이 이런 마음과 생각을 주셨습니다.

"그래. 세상에 담근 한 발을 마저 떼자. 완전히 떼서 두 발을 신앙생활에 두자!"

이런 마음을 작정하고 완전히 두 발을 옮겼을 때 저에게 주신 하나님의 사랑과 축복은 글로 표현할 수가 없습니다.

아버지의 용서는 무조건적입니다.

조건이 없습니다. 아버지가 아들의 죄를 잊어버린 것이

아닙니다. 아들의 지난날의 모든 그릇된 행적을 다 알고 있습니다. 그럼에도 불구하고 그 아들을 받아주셨습니다.

이 비유에서 말하고 있는 '죄의 사함' 즉, 용서는 전적으로 하나님 아버지의 선물입니다. 사랑으로 이루어진 것입니다.

아버지의 용서는 은혜의 선물입니다.

은혜의 선물은 죄를 능가하는 하나님의 사랑입니다.

아버지의 용서는 과거에 있었던 일들 때문에 잠도 제대로 못 이루고 가슴 조이며 살다가 피가 말라 어떤 이는 정신병까지 걸리는 일들의 극복뿐만 아니라 너무나 아름답고 상상도 못 한 새로운 삶으로 바꿔주시고 말로 표현할 수 없는 새로운 인생의 주인으로 만들어 주십니다.

둘째 아들의 새로운 출발은 자기 자신의 비참함에서 자신이 깨닫고 그것에 대한 책임을 지는 대서부터 시작된 것입니다.

그는 이렇게 고백합니다.

"아들이 아버지께 이르되 아버지 내가 하늘과 아버지께 죄를 지었사오니 지금부터 아버지의 아들이라 일컬음을 감당하지 못하겠나이다"(눅 15:21)

용서는 새로운 삶으로 나아가는 발걸음입니다.

저 같은 죄인이 어떻게 새로운 출발을 할 수 있었겠습니까?

그것은 용서하는 마음을 하나님이 주셔서 그렇게 행한 것 뿐입니다.

이 마음을 통해 새로운 시작을 할 수 있었습니다. 새로운 삶을 살 수 있었습니다.

그래서 지금 생각하면 저는 너무 행복한 삶을 살았으며, 지금도 행복한 삶을 살고 있습니다. 앞으로도 행복한 삶을 살려고 노력할 것입니다.

이 모든 것을 깨닫기까지는 너무 힘들었고, 너무 오래 걸렸습니다.

당신은 오랜 시간을 소비하지 마시고, 하루빨리 아버지께로 돌아오시고 아버지가 우리를 용서한 것같이 우리가 용서하지 못하는 사람을 용서하고 살아가시기 바랍니다. 새로운 출발은 기쁨입니다. 행복입니다. 이제 더 큰 기쁨의 날들을 누리며 살아가시기를 주님의 이름으로 부탁드립니다.

더 이상 방황하지 말고 멈추십시오!

제가 새로운 출발을 통해 말로 표현할 수 없는 축복을 받은 것 같이 당신을 이 자리에 초대하고 싶습니다. 당신도 할 수 있고, 축복의 사람이 될 수 있습니다.

하나님께서 우리를 새롭게 만들어 주신 것 같이 그들을 새롭게 만들어 달라고 축복하며 용서해 줍시다. 이런 마음과 기도의 시간을 가지면 본인에게 엄청난 은혜와 놀라운 변화가 오게 될 것입니다.

하나님이 우리를 얼마나 많이 용서해 주셨습니까?

하나님께서 저를 용서해 주신 일이 많았지만 정말 크게 용서받은 일이 있었습니다.

고3 때 일입니다. 친구들과 주문진에 놀러 가려고 1년 동안 돈을 모았습니다. 드디어 여름이 와서 주문진에 놀러 가려고 하는데 교회 수련회와 겹친 것입니다.

이 일로 어머니와 말다툼을 했습니다. 어머니는 "어떻게 수련회를 안 가고 친구들과 놀러 갈 수 있냐?"라고 하셨습니다. 저는 "제가 성경학교, 수련회 여태까지 빠진 적 있었어요? 이게 마지막일지도 몰라요 저는 이번에 수련회 안 가요. 친구들과 놀러 갑니다"라고 말했습니다. 그러고는 제 생각과 계획대로 주문진으로 향했습니다.

친구 8명이서 너무나 좋았습니다. 처음 간 곳이라서인지 정말 아름답고 멋진 곳이었습니다. 바닷물에 들어갔는데 발가락에 조개가 잡혔습니다.

그래서 그 조개를 잡아서 닭을 넣고 고추장을 풀어서 맛있게 술이랑 진탕 먹었는데 몇 시간 후 갑자기 제 얼굴이 부어오르고 엄청 간지럽고 알레르기가 생겨서 어떻게 말로 표현할 수가 없었습니다. 몸이 두 배로 부어오르고 간지러워서 텐트 밖으로 나갈 수가 없었습니다.

친구가 사 온 약을 먹어도 가라앉지 않았습니다. 친구들은 바닷가에서 노는데 저는 3박 4일 동안 텐트를 지켰습니다.

마지막 날 조금 가라앉았습니다. 저는 억울한 마음에 '바닷가를 저 끝에서 이 끝까지 수영하고 집으로 가리'라고 마음먹고 수영을 하다가 일어서는데 발이 바닥에 닿지 않았습니다. 순간적으로 가라앉는데 5-6미터는 밑으로 내려간 느낌이었습니다. 죽을 힘을 다해 해변 위로 올라와서 누웠는데 알고 보니 보트가 왔다 갔다 하는 곳이라 엄청 깊은 곳이었습니다.

숨을 고른 후 하늘을 보는데 하나님이 저를 나무라는 것 같았습니다. 눈을 감는데 눈물이 흘렀습니다. 이런 저를 하나님이 죽이지 않으시고 살려 주신 것에 감사했습니다. 하나님이 저를 용서해 주셔서 살 수 있었던 같아서 정말 감사했습니다. 아니 다시는 이런 일이 없도록 하라고 경고하신 것 같았습니다.

하나님의 용서 없이는 우리는 살지 못합니다.

그래서 우리에게 "너희도 서로 용서 하라"라고 말씀하시는 것 같습니다.

용서받은 게 있다면 잊어버리지 않고 기억하거나 일기장에 쓰거나 해서 그 은혜를 다시 생각하고 감사하는 마음으로 살면 될 것 같습니다.

민수기 14장 26-35절에 하나님이 이렇게 말씀하십니다.

"여호와께서 모세와 아론에게 말씀하여 이르시되 나를 원망하는 이 악한 회중에게 내가 어느 때까지 참으랴 이스라엘 자손이 나를 향하여 원망하는 바 그 원망하는 말을 내가 들었노라 그들에게 이르기를 여호와의 말씀에 내 삶을 두고 맹세하노라 너희 말이 내 귀에 들린 대로 내가 너희에게 행하리니 너희 시체가 이 광야에 엎드러질 것이라 너희 중에서 이십 세 이상으로서 계수된 자 곧 나를 원망한 자 전부가 여분네의 아들 갈렙과 눈의 아들 여호수아 외에는 내가 맹세하여 너희에게 살게 하리라 한 땅에 결단코 들어가지 못하리라 너희가 사로잡히겠다고 말하던 너희의 유아들은 내가 인도하여 들이리니 그들은 너희가 싫어하던 땅을 보려니와 너희의 시체는 이 광야에 엎드러질 것이요 너희의 자녀들은 너희 반역한 죄를 지고 너희의 시체가 광야에서 소멸되기까지 사십 년을 광야에서 방황하는 자가 되리라 너희는 그 땅을 정탐한 날 수인 사십 일의 하루를 일 년으로 쳐서 그 사십 년간 너희의 죄악을 담당할지니 너희는 그제서야 내가 싫어하면 어떻게 되는지를 알리라 하셨다 하라 나 여호와가 말하였거니와 모여 나를 거역하는 이 악한 온 회중에게 내가 반드시 이같이 행하리니 그들이 이 광야에서 소멸되어 거기서 죽으리라."

하나님은 자기 백성의 고통의 소리를 들으시고 출애굽 시켜주셨습니다.

그런데 왜 이렇게 화가 나셔서 험악한 말씀을 하십니까?

13장 25-33절을 읽어보십시오.

"사십 일 동안 땅을 정탐하기를 마치고 돌아와 바란 광야 가데스에 이르러 모세와 아론과 이스라엘 자손의 온 회중에게 나아와 그들에게 보고하고 그 땅의 과일을 보이고 모세에게 말하여 이르되 당신이 우리를 보낸 땅에 간즉 과연 그 땅에 젖과 꿀이 흐르는데 이것은 그 땅의 과일이니이다 그러나 그 땅 거주민은 강하고 성읍은 견고하고 심히 클 뿐 아니라 거기서 아낙 자손을 보았으며 아말렉인은 남방 땅에 거주하고 헷인과 여부스인과 아모리인은 산지에 거주하고 가나안인은 해변과 요단 가에 거주하더이다 갈렙이 모세 앞에서 백성을 조용하게 하고 이르되 우리가 곧 올라가서 그 땅을 취하자 능히 이기리라 하나 그와 함께 올라갔던 사람들은 이르되 우리는 능히 올라가서 그 백성을 치지 못하리라 그들은 우리보다 강하니라 하고 이스라엘 자손 앞에서 그 정탐한 땅을 악평하여 이르되 우리가 두루 다니며 정탐한 땅은 그 거주민을 삼키는 땅이요 거기서 본 모든 백성은 신장이 장대한 자들이며 거기서 네피림 후손인 아낙 자손의 거인들을 보았나니 우리는 스스로 보기에도 메뚜기 같으니 그들이 보기에도 그와 같았을 것이니라"

그러자 14장 1절은 "온 회중이 소리를 높여 부르짖으며 백성이 밤새도록 통곡하였더라" 그리고 2절에 "이스라엘 자손이 다 모세와 아론을 원망하며 온 회중이 그들에게 이르되 우리가 애굽 땅에서 죽었거나 이 광야에서 죽었으면 좋았을 것을 어찌하여 여호와가 우리를 그 땅으로 인도하여 칼에 쓰러지게 하려 하는가 우리 처자가 사로잡히리니 애굽으로 돌아가는 것이 낫지 아니하랴"라면서 여호와 하나님을 원망합니다.

그러자 하나님은 11절에서 이렇게 말씀하십니다.

"여호와께서 모세에게 이르시되 이 백성이 어느 때까지 나를 멸시하겠느냐 내가 그들 중에 많은 이적을 행하였으나 어느 때까지 나를 믿지 않겠느냐."

"이 백성이 어느 때까지 나를 멸시하겠느냐?"라고 말씀하십니다.

모세는 곧바로 하나님 앞에 엎드려 간구합니다.

19절에서 백성의 죄를 용서해 달라고 합니다.

"주의 한결같은 사랑을 베풀어 주십시오 이 백성의 죄를 용서해 주십시오 이들이 이집트를 떠났을 때 부터 지금까지 용서해 주신 것처럼 이제도 용서해 주십시오."

20절을 보니까 하나님께서 그 죄를 용서하셨습니다.

여호와께서 대답하셨습니다.

"네가 구한 대로 그들을 용서해 주겠다."

이 책을 읽고 있는 청소년, 청년들은 이 시대를 이끌어 가는 리더가 될 것입니다.

리더가 하는 용서의 기도가 얼마나 중요한 지를 알아야 합니다.

이렇게 많은 사람을 살립니다.

리더의 역할이 얼마나 중요합니까?

가정의 리더이신 부모님께 한마디 하겠습니다.

아이들을 용서하십시오.

CEO에게 한마디 하겠습니다.
직원들을 용서하십시오.

모세의 기도를 들어주시고 용서해 주신 하나님을 우리는 그분이 어떤 분이신지를 알아야 합니다.

부모는 가정의 리더이십니다. 부모의 용서의 기도가 형제들과 자녀의 죄 사함을 받게 하지 않을까요?

저는 믿습니다. 우리 하나님이 용서해 주실 것을 믿습니다.

14장 21절-23절을 보십시오.

"그러나 진실로 내가 살아있는것과 여호와의 영광이 온 세계에 충만할 것을 두고 맹세하노니 내 영광과 애굽과 광야에서 행한 내 이적을 보고서도 이같이 열 번이나 나를 시험하고 내 목소리를 청종하지 아니한 그 사람들은 내가 그들의 조상들에게 맹세한 땅을 결단코 보지 못할것이요 또 나를 멸시하는 사람은 한 사람도 그것을 보지 못하리라."

모세의 용서의 기도로 당장은 멸하지 않으시지만 언약의 땅에는 들어가지 못하게 됩니다.

35절을 보면 "여호와인 나의 말이다 나는 이 악한 백성에게 내가 말한 이 모든 일을 분명히 하겠다 그들은 한데 어울려 나를 배반했다 그러므로 그들은 모두 이 광야에서 죽을 것이다"라고 합니다.

세대교체를 하기 원하시는 하나님의 계획이었습니다.

세대교체를 통해서 새로운 신앙의 공동체로 새롭게 출발하시고자 하는 하나님의 계획을 볼 수가 있습니다.

1세대들은 애굽의 종살이를 하는 동안 육체적으로 병들고, 영적으로도 병들었습니다. 1세대들은 노예근성에서 벗어나지를 못한 것 같습니다. 늘 맞아야 움직이고 주면 먹고 그날그날 정해진 일을 하면서 지내는 하루살이 같은 인생이었습니다.

그들의 고통의 소리를 들으시고 하나님은 그들을 인도하셨는데 그들은 내일을 보지 못했습니다. 틈만 나면 "이집트로 돌아가는 것이 좋을 것 같다. 거기서는 맛있는 것도 많이 먹었는데…. 여기서 죽을 바에야 이집트에서 나오지 말 것을…"이라고 하면서 하나님을 믿지 않고 하나님을 원망했기 때문에 하나님은 1세대들을 언약의 땅에 보내봤자 소용없는 것을 아시고 세대교체를 실시하신 것입니다.

애굽에서 길든 불신앙과 노예적인 병든 사고를 하는 모습으로 젖과 꿀이 흐르는 언약의 땅에 가봤자 소용없는 일이라는 것을 하나님은 아셨습니다.

1세대의 병든 사고가 2세대까지 번지는 것을 하나님은 아셨던 것 같습니다.

모세의 용서의 기도에 하나님은 시간을 주시기로 했고 들어주셨지만 "이들은 아니다"라는 생각이셨던 것 같습니다.

나쁜 것은 쉽게 전염되기에 광야 40년 동안 훈련과 모든 과정을 거치시고 약속의 땅으로 데리고 들어가시려는 하나님의 계획을 보면서 우리도 다시 한번 마음가짐을 갖습니다.

옛 것을 버려야 합니다. 용서하지 못하는 더러운 옛날의 마음 다 버리고 이제 새로운 마음으로 살아야 합니다.

광야의 40년의 세월은 고통의 시간이 아니었습니다.

광야 40년 동안 새로운 세대를 키워내시고 준비시키시는 창조의 하나님이시라는 것을 우리는 깨달아야 합니다. 광야의 이 세대는 믿음의 역사를 체험한 세대였습니다.

제가 에셰르 선교회를 설립한 목적은 각 나라 현지 목사님의 자녀들을 그 나라의 종으로, 리더로 세우는 '비전 캠프'를 진행하기 위해서입니다.

비전 캠프를 통해 현지 목회자 자녀들이 성령 충만을 받고 불같이 일어나서 그 나라를 책임지고 변화시킬 것으로 저는 믿습니다.

저는 지금 성경을 인쇄해서 보급하고 있습니다.

보육원 아이들에게 말씀을 읽게 하는 사역을 하고 있습니다.

말씀을 암송하고 말씀을 매일 묵상하고 쓰게 하는 일을 합니다. 그리고 보육원을 교회로 세워 가고 있습니다.

다음 세대들이 하나님이 원하시는, 하나님의 백성들을 만들어내는 일을 할 것입니다.

이 자녀들이 그 나라를 변화시키고 하나님의 백성들로 가득 채우기를 저는 소망하고 그렇게 될 것을 믿고 있습니다.

하나님의 용서는
무조건적입니다. 조건이 없습니다.

하나님의 용서는 은혜의 선물입니다. 이 선물은 평생 잊을 수가 없습니다.

하나님의 용서는 새로운 삶으로 나아가는 발걸음입니다.

아름답고 행복한 삶을 만들어 주십니다.

13

나의 아버지

저는 아버지를 용서할 수 없었습니다.

저희 아버지는 가정보다 형제들과 친구들을 챙기고 좋아했던 분이시고, 이기적이신 분이셨습니다.

장남들은 다 그런지 모르겠지만 저희 아버지는 자기 자신을 더 위하는 사람이었습니다. 말도 거칠고 다혈질적인 성격을 가지고 계셨습니다. 그뿐만이 아니라 부시고 던지고…, 성질대로 사시면서 폭력적이신 그런 분이셨습니다.

어머니를 때리고 밥상을 뒤집어엎고, 죽여 버린다며 칼을 휘두르고, 그 공포 속에서 저는 어렸을 때 정서적으로 불안해서 손톱을 물어뜯는 습관이 생겨 손톱이 남아나지 않았습니다. 틈만 나면 손톱을 물어뜯었습니다. 심해지면서 손끝살도 물어뜯으면서 피가 날 때도 많았습니다.

원인 제공은 부모가 해 놓고는 손톱과 살을 물어뜯는다고 오히려 더 혼나고 그랬습니다. 조바심과 공포 그리고 심리적인 불안감 등이 늘 있었던 것 같습니다. 이 버릇이 중학생 때까지 지속되었던 것 같습니다.

수십 년이 지났지만 7살 때의 일이 생생하게 기억납니다.

어렸을 때 충격적인 사건으로 마음의 충격을 받으면 그 상처와 함께 악한 영이 마음에 자리 잡고 사는 것 같습니다.

아버지는 저에게 멋있는 티셔츠와 멜빵 양복 반바지를 입히고 어디로 데리고 가셨는데 그곳은 맛있는 빵집이었습니다. 그리고 전혀 알지 못하는 여자가 제 앞에 있었는데 저를 데리고 함께 살자는 이야기를 이 여자와 하는 것입니다. 어머니와 이혼하고 이 여자와 나와 함께 새 가정을 꾸리자는 내용의 대화였습니다. 그때 제가 어렸지만 아버지는 불륜을 저지르고 떳떳하게 제 앞에서 어머니를 버리겠다는, 가정을 버리겠다는 이야기를 하고 있는 것이었습니다.

빵을 손에 쥐고 먹으면서 목이 메었습니다. 아무 생각이 나지 않고 머리가 하얗게 되면서 마음이 불편했던 그때 그 장면과 대화의 내용이 제 머리에 박혀 있습니다. 그래서 아무리 어리다 해도 말을 함부로 해도 안 되는 것이고 주의해야 합니다. 행동도 주의해야 합니다.

저는 그 이후 정신적인 이상이 생긴 것 같습니다. 그냥 멍하게 있을 때가 많고 생각과 공상이 많아졌습니다.

언제 어디로 끌려갈지 모른다는 생각과 누나와 형, 어머니를 버리고 다른 여자와 저 그리고 아버지가 새로운 살림을 한다는 생각이 들면서 늘 마음이 불안하고, 우울했던 것 같습니다. 그래서 저는 늘 슬펐습니다.

그 이후로 저는 손톱을 물어뜯다 못해 살까지 자근자근 뜯고 앉아있는 습관이 생겼고, 텔레비전을 볼 때, 가만히 있을 때, 손톱과 손톱 밑에 있는 살을 물어뜯었습니다. 늘 마음이 불안해서 손톱과 살을 물어뜯는 버릇이 생겼고 엄마와 헤어지는 것이 두려워 불안함에 집중이 되지 않았습니다.

그 어린 나이에 말은 못 하고 마음이 너무 아프고 슬펐습니다. 그리고 하루하루가 너무 괴로웠습니다.

'누나와 형과 헤어져야 하나?'

'엄마 없이 다른 여자와 살아야 하나?'

제 머리에는 이 두 가지 고민이 가득 자리를 잡고 있었습니다. 어린아이의 고민이 컸습니다. 이런 생각들이 싫어서인지 밖에서 많이 놀았던 것 같습니다.

초등학교에 입학해서도 수업 시간에 집중이 안 되었습니다. '집에 가면 엄마가 있을까?'라는 생각과 불안감이 늘 저를 힘들게 했습니다. 아버지의 사업 실패로 어머니가 밖으로 나가 일을 시작하면서, 저는 그냥 방치되었습니다.

어머니는 일찍 나갔다가 밤늦게 들어오셨습니다. 늦게 들어와서도 아버지를 위해 밥상을 차리면 일주일에 한 번 정도는 소리 지르고, 욕하고, 밥상을 뒤엎는 아버지가 미웠고, 죽여 버리고 싶었습니다.

그래서 제가 어린 마음에 늘 다짐한 것이 있었습니다.

'내가 크면 가만두지 않겠다! 죽여 버리겠다!'라고 이를 갈았던 것 같습니다. 이불을 덮어쓰고 울면서, 무서워서 부들부들 떨면서, 화가 나서 치를 떨면서, 형과 함께 이불을 쓰고 아버지의 폭언과 폭력을 들으면서 잠을 잤습니다.

아버지는 술에 취하면 다 때려 부수고, 집어던지고, 욕하고 패고…. 사람을 얼마나 불안하게 만드는지 미칠 정도로 싫었습니다. 제 마음속에는 '힘이 생기면 아버지를 죽여 버리겠다'라는 생각이었습니다.

제가 결혼하고 얼마 후 아버지는 더는 어머니와 살 수 없다며 이혼을 요구하시고 집을 나가셨습니다. 13년이란 세월 후에 거의 노숙자의 모습으로 지내신다는 이야기를 듣고 목사가 된 저는 가만히 있을 수가 없어서 아버지를 찾아가 모시고 와서 함께 살면서 아버지를 진심으로 용서하고 진심으로 사랑하게 되었습니다. 이런 마음을 하나님이 주셨습니다. 아버지에게 복음을 전하고 예수님을 믿게 했습니다.

지금까지 가정문제와 저의 삶에 대해 창피해서 누구에게도 말하지 않았습니다. 이제 와서 모든 이야기를 하는 이유는 청소년들에게 참된 희망을 주고 싶어서입니다. 지금 부모님이 용서가 안돼서 마음속으로 힘들어하고 있는 청소년이 있다면 제 이야기를 통해 희망을 주고 싶습니다.

　청소년 집회를 다닐 때마다 한두 명씩 엉엉 우는 모습을 보면 지금 아버지를 죽이고 싶고, 집에 들어가기 싫어하는 청소년들이 많이 있다는 것을 알게 됩니다. 이런 청소년들에게 "용서는 축복이다"라는 말을 하고 싶습니다.

　용서하고 축복받는 행복한, 새로운 삶이 되기를 소망하는 마음으로 이렇게 고백하면서 한 자 한 자 써 내려갑니다.

　지금 현재 비전이 없고 타락한 생활로 힘겹게 싸우고 있습니까? 신앙생활이라는 테두리 안에서 변화되지 못하고 괴로워하는 젊은이들에게 꼭! 제 이야기를 해주고 싶습니다.

　예수님이 우리의 모든 죄를 용서하시고, 사랑하는 마음으로 십자가에 못 박혀 돌아가셨는데 우리가 뭐라고 어느 누구를 미워하고, 용서하지 못하는 마음으로 살아가야 합니까?

　용서하지 못하는 마음을 가지고 사는 것은 하나님이 원하시는 마음이 아닙니다. 사실 용서하지 않으면 자기 자신만 손해입니다. 용서가 안 되면 마음에 화를 품고 살아가야 하니까 말입니다.

　이제 생각하니 제가 우울증과 폭력성과 정서불안 등 기타 모든 문제가 어떻게 치료가 되었냐는 것입니다.

　그것은… 어머니의 기도였습니다.

어머니의 기도였습니다

어머니는 지금까지 새벽예배를 빠지지 않으십니다.

지금도 선교사로 해외에 있는 아들을 위해 새벽마다 기도하시고 그 연세에 마스크 팩 만드는 곳에서 아르바이트해서 버는 돈을 저에게 보내주십니다.

제가 어렸을 때는 새벽 5시 기도회 후에 아침밥을 차려 놓으시고, 아침 6시 30분에 나가셔서 저녁 8시나 9시쯤 들어오셨습니다. 더 늦는 날도 많았습니다.

일이 많이 밀린 날에는 한 푼이라도 벌어서 살림에 보태시려고, 일감을 집으로 가지고 오셔서 밤 12시가 넘어 새벽까지 일을 하셨습니다.

술에 취한 아버지는 늘 "너! 누구 만나고 다니냐? 남자가 있냐?"라고 소리를 지르면서 어머니를 구타하고, 욕하고, 성질을 부리고, 밥상을 뒤엎었습니다.

저는 이불 속에서 몸을 부들부들 떨면서 이를 갈았습니다. 어린 시절에는 아버지가 무서웠습니다. 제 마음속에는 늘 '빨리 어른이 되어서 힘이 생기면 가만 안 두겠다'라고 생각하며 두 주먹을 쥐고 잠이 들었습니다.

이렇게 힘든 하루를 보낸 후에도 어머니는 어김없이 새벽에 기도를 하러 가셨습니다. 지금 생각하면 어머니께는 기도밖에 없었을 것입니다.

어머니는 늘 말씀하셨습니다.

"엄마는 너희들이 믿음 생활 열심히 하는 게 소원이야!"

어머니의 부탁과 진심 어린 말씀은 제 마음에 박혀서 어머니의 소원을 꼭 이뤄드려야겠다는 마음이 생겼습니다.

늘 '엄마의 소원은 우리가 믿음 생활 잘하는 것이구나'라고 생각했습니다.

그래서 믿음은 없지만 어머니가 보시기에 흡족하시도록 열심히 교회 생활을 했던 것 같습니다. 신앙생활이 아니고, 교회를 왔다 갔다 하는 교회 생활을 즐겼습니다.

모임이 재미있어서, 형들이 좋아서, 동생들이 좋아서, 그냥 가서 노는 생활을 했습니다.

어머니는 직장 생활을 하시면서 새벽예배, 수요 기도회,

금요 철야, 주일예배 봉사 그리고 저녁 예배까지 빠지지 않으셨습니다. 형편이 어려운데도 십일조 생활은 꼭 하셨습니다. 있으면 있는 대로 감사 헌금을 드리시고 주일마다 우리 손에 헌금을 챙겨서 교회 학교 예배에 참석하게 하셨습니다. 이 습관은 지금도 계속하십니다. 일을 하시든 부업을 하시든 나라에서 돈이 나오든 모아놨다가 헌금 봉투에 담아서 저에게 주십니다.

저는 이 모든 것을 보고 컸습니다.

어머니가 원하시는 나름대로 교회 생활을 열심히 했습니다. 믿음 없이 그냥 다녔지만 그래도 교회를 사랑하고, 목사님 말씀에 순종했습니다.

제가 신학교 3학년 때 너무 힘들어하니까 어머니가 저에게 "미안하다"라고 말씀하셨습니다.

"뭐가 미안하세요?"라고 묻자 어머니는 "막내가 주의 일을 했으면 좋겠습니다"라고 저를 위해 기도하셨다고 말씀하셨습니다.

저는 "어머니 탓하지 마시고 기도만 해주세요"라고 말씀드렸습니다. 지금도 "무조건 기도밖에 없으니 그저 기도만 해주세요"라고 말씀드렸습니다.

제가 고등학교 1학년 때 방황하고, 삐뚤게 살자 어머니께서 꾸신 꿈 이야기를 해주셨습니다.

「대문 앞에서 너를 기다리고 있는데 크고 시커먼 개가 너를 덮치려고 달려오더구나. 내가 너무 놀라서 "철유야, 빨리 들어와"라고 하고는 너를 대문 안으로 밀어 넣고 문을 닫았다.」

그때 저는 술, 담배, 싸움, 폭력 등 이상한 모든 짓을 하면서 인생을 포기하고 될 대로 되라는 마음으로 살았습니다.

어머니의 꿈 이야기를 들은 후에도 저는 변하지 않았습니다. 인생을 포기하고 악하게 살았습니다.

당연합니다. 사람은 말씀이 들어와야 변화가 생깁니다. 말씀이 들어오지 않으면 변화가 있을 수 없습니다. 저는 기분 내키는 대로 살았습니다.

어머니가 신앙생활을 열심히 하시고 기도로 가정을 지키고 믿음을 지키시며 생활을 할 때 저의 정서 불안과 여러 가지 모습들이 자연스럽게 치료 된 것 같습니다.

어머니는 모든 핍박과 환난을 이겨내시기 위해 새벽 기도부터 수요예배, 금요 철야와 교회 봉사를 쉬지 않고 하셨습니다.

어머니의 기도가 저를 정서불안과 우울증에서 벗어나게 한 것 같습니다.

저는 초등학교 2학년 때부터 신앙생활을 했습니다. 교회에 출석을 잘하면 학용품이나 선물을 주는 것도 좋았지만 주일이면 어머니가 온종일 교회에 계셨기 때문입니다.

저는 어머니가 교회에서 예배드리는 생활, 봉사하며 즐거워하시는 모습을 보면서 불안감이 없어지고 정서적으로 안정을 찾았다고 생각합니다.

저 역시 늘 기도했습니다.

'우리 가족이 모두 행복하기를….'

중학생 때는 가정 형편이 어려워서 시골로 이사를 했습니다. 시골로 이사한 것도 다 아버지 탓이기에 아버지를 미워할 수밖에 없었습니다. 처음에는 그곳 생활이 너무 힘들고 괴로워서 살 수가 없었습니다.

처음에는 원래 다니던 서울의 교회에 나갔습니다. 집 근처 교회에는 나갈 생각이 없었는데 학생들이 전도사님과 함께 우르르 몰려와서 억지로 집 근처의 교회에 다니게 되었습니다. 시간이 지나면서는 형제처럼 지냈습니다. 가끔 그 형들과 동생들이 그립고 생각이 많이 납니다.

교회 형들과 함께 불우이웃을 돕는다며 손수레를 끌고 폐품과 병을 주으러 다녔습니다. 겨울에는 문학의 밤이나 성탄절 장식을 돕고 쥐포와 군밤, 고구마 등을 팔아서 이웃을 도왔던 일도 기억납니다.

목사님이나 전도사님이 시키는 일은 뭐든지 순종했습니다.

그러면서 친교 부장도 하고 학생회장도 하면서 교회 일은 밤을 새워서라도 했습니다.

크리스마스 때는 온 교회의 지붕과 테두리에 전구를 둘렀는데 창고에 넣어둔 전구를 꺼내고 불이 안 들어오는 것은 청계천까지 가서 사 왔습니다. 한번은 고장 난 전구를 교체한 후 테스트를 하는데 인문계 출신인 학생 회장 형이 선을 잘못 붙여 콘센트에 꽂는 바람에 두꺼비 집이 내려가 교회 주변 집들의 전기가 나가는 일도 있었습니다. 다 낡은 교회 지붕에 올라갈 때는 가위바위보를 해서 진 사람이 전구를 들고 교회 지붕에 올라가 테두리를 둘러 가며 설치한 기억도 있습니다. 그때 교회 일들이 행복하고 좋았습니다.

학교 가기 전에 교회에 들러서 기도하고, 집으로 들어오기 전에도 교회에 들러서 기도했습니다. 형들이나 동생들, 친구들을 만나면 이야기도 나누느라 집에 갈 생각을 하지 않았던 것 같습니다. 그냥 교회가 좋아서, 교회 안에 있는 사람들이 좋아서 주의 일을 하는 것이 좋아서 늘 교회에서 살았습니다.

겨울에는 화목난로에 모여서 가요를 부르다가 전도사님이 오시면 찬양으로 바꿔 부르며 게임하고 노는 시간을 많이 보냈습니다.

토요일에는 학생회 예배가 있었습니다. 예배 후 주일 예배를 위해 청소를 할 때는 장의자를 모두 뒤로 밀고 바닥을 깨끗이 청소하며 주일을 준비했습니다.

교회 일을 할 때, 동료들(학생회나 청년)과 함께 할 때는 제 안에 분노, 아버지에 대한 불만 등 모든 것이 다 잊혀서 마음이 편하고 좋았습니다.

청소년 때에 교회에서 형제, 자매들과 같이 주의 일을 많이 하는 것이 얼마나 큰 도움이 되는지 우리는 알아야 합니다.

그런데 요즘 부모들은 자녀들이 교회에 오래 있는 것을 좋아하지 않는 것 같습니다. 이런 모습을 보면서 마음에 안타까움이 많습니다. 아버지 집에 늘 있는 것이 얼마나 좋습니까? 자녀들이 교회에 있는 것이 부모들이 보기에 시간 낭비인 것처럼 보일지라도 그 시간은 하나님 집에서 평안을 누리며 안식을 얻는 시간이 될 것입니다.

제가 어려서부터 교회에서 봉사할 때 믿음의 사람들과 함께 시간을 보내면서 분노와 악은 사라지고 마음의 평안함이 있었습니다. 집에서 아버지로 받은 분노는 폭력과 술, 담배 그리고 세상 친구들과 어울리면서 나쁜 짓과 나쁜 생각을 하며 보냈습니다.

그렇습니다. 저는 교회 생활의 선한 일과 세상 생활의 악한 일 두 가지를 다하면서 사는 그런 인간이었습니다.

그런 제가 목사가 된 것은 어머니의 기도 때문입니다.

'만약 제가 목사가 안 됐다면 무엇이 되었을까?'라는 생각만 하면 아찔합니다. 그래서 우리 가족을 신앙생활로 인도하신 작은어머니께 늘 감사의 마음을 가지고 있습니다. 초등학교 2학년 때 구슬치기를 하며 놀던 저의 손을 잡고 교회로 인도해 주시지 않았다면, 힘들어하는 저의 어머니를 교회로 인도하시지 않았다면 저희 가정은 어떻게 되었을까요? 상상만으로도 아찔합니다.

작은어머니가 인도해 주신 교회는 집에서 버스로 네 정거장을 가야 하는 거리였습니다. 저는 어떨 때는 버스를 타고, 어떨 때는 걸어서 갔습니다. 여름성경학교 때는 새벽에 걸어서 가면서도 빠지지 않아 출석 상을 거하게 받았습니다. 찬양도 잘해서 초등학교 6학년 때 찬양 1등 상을 받고 부상으로 받은 크고 좋은 스케치북을 중학교 때까지 아껴 썼던 기억이 납니다. 겨울에는 얼음을 발로 차면서 추운 바람을 맞으면서 교회를 다녔습니다.

자랑 같지만 저는 그림도 잘 그렸습니다.

초등학교 6학년 때는 학교 대표로 창경궁에서 열리는 전국 대회에 나갔는데 이날은 우리 가족이 잊지 못할 집안의 경사였습니다.

그런데 저는 전국에 모인 학생들의 그림을 보고 너무 놀랐습니다. 실력이 장난이 아니었습니다. 그래서 고민하다가 다른 아이들은 고궁이나 경치를 그릴 때 저는 자리를 잡고 앉아서 타조를 그리기 시작했습니다. 한참을 그려도 그림이 마음에 안 들고 잘못 그린 것 같았습니다. 그래도 열심히 그려서 제출했는데 어떠한 상도 받지 못했습니다. 실망을 안고 집으로 돌아오는 길에 어머니께서 하신 말씀이 기억납니다.

"엄마가 봐도 타조는 아니고, 닭 같던데….."

저는 모태 신앙은 아니지만 어려서 신앙생활을 하는 것이 중요하다고 생각합니다. 제가 어려서 신앙생활 안 하고, 어머니가 신앙생활을 포기하셨다면 '저는 지금 어떤 인생을 살고 있을까?'를 생각하면 아찔합니다. 다시 한번 저와 저희 가정을 주님께로 인도해 주신 작은어머니께 감사드립니다.

우리는 우리를 전도하신 분을 절대로 잊어서는 안됩니다. 또한 잊지 못할 사람으로 남기 위해 전도하는 사람이 되시기를 부탁드립니다.

하나님이 이 세상에서 가장 기뻐하시는 일은 하나님을 소개하는 일입니다. 하나님이 어떠한 분인지를 가르쳐 주는 사람을 하나님은 사랑하시고 귀하게 여기십니다.

15

난독증이 생기다

7살 때의 쇼크로 학교에 입학해서도 적응을 잘하지 못한 것 같습니다.

머릿속에는 늘 '집에 엄마가 있을까? 아빠는 왜 이렇게 하시지?'라는 이런저런 염려 때문에 책을 오래 읽지 못했습니다. 그래서 공부에 집중하지 못하는 병이 생겼습니다. 책을 보면 한 장을 넘기는 게 너무 힘들었습니다. 언젠가 YG엔터테인먼트의 양현석 대표가 난독증이라 춤에 빠졌다는 이야기를 들었습니다. 그런 것처럼 저는 놀이에 빠졌습니다. 구슬치기, 딱지치기, 다방구, 오징어 등 노는 거라면 동네 짱이었습니다.

그런데 제가 어떻게 해서 이 자리까지 왔을까요?

말씀입니다.

하나님의 말씀을 읽는데 밤이 새도록 읽었습니다.

귀한 말씀을 제가 어렸을 때부터 읽도록 했더라면 좋았을 텐데 그렇지 못했습니다. 제가 신앙생활을 할 때는 제자훈련이나 소그룹 공부 등 어떤 훈련도 없었습니다. 성미(쌀자루)를 내면 그래프에다 스티커 붙여주고 예배드리는 것과 봉사, 십일조 등만을 강조했습니다.

제가 본격적으로 말씀을 읽고, 공부를 시작한 것은 군 제대 후입니다. 얼마나 늦었습니까? 그래도 저 나름대로 열심히 했습니다. 어려서 많이 불렀던 찬양 "달고 오묘한 그 말씀 생명의 말씀은~"처럼 성경은 제게 너무 달았습니다. 그 이후 어떤 책도 기도하고 읽으면 너무 잘 읽힙니다.

이 책을 읽는 부모님께는 지금 당장 성경 읽기부터 시작하시기를 간절히 부탁드립니다. 그다음 자녀들과 함께 성경 읽기와 나눔을 갖는 시간을 가진다면 지금 공부를 안 하거나 못하는 자녀들에게 큰 도움이 될 것 입니다. 만약 난독증이 있다면 그 역시 해결됩니다.

한국 어린이 교육선교회에서 일할 때입니다.

저도 강사가 될 텐데 신학을 해야 하는지 선교회에서 일을 할 건지에 대해 고민하다가 공부를 안 하고는 아이들을 가르칠 수 없다는 것을 깨달았습니다. 제가 정말 부름을 받은 주의 종인지를 확인하고 싶은 마음에 삼각산 기도원에서 40일 저녁 금식 철야를 작정했습니다. 낮에는 선교회 서점에서 일을 하고 퇴근 후에 철야를 하기로 작정하고 시작했습니다.

삼각산 기도원을 올라가는 길은 십자가를 지고 골고다의 언덕을 올라가시는 예수님의 모습이 생각날 정도로 힘들었습니다. 예수님이 십자가를 지시고 골고다로 올라가시는 길이라 생각하고 찬 바람을 맞으며 올라갔습니다.

기도원에 도착해서 찬 마룻바닥에 방석을 깔고 기도하는데 얼마나 기도가 잘 되는지…. 한참을 기도한 후 '이제 아침이겠구나!'라는 생각에 눈을 뜨니 30분 정도가 지나있었습니다.

그동안 너무 기도 생활을 안 하고 살아서인지 기도가 길게 되지 않았습니다. 기도를 해도 시간이 안 갔습니다. 저는 성경을 읽기 시작했습니다. 하나님과 친밀한 관계를 갖는 이 시간이 너무 좋아서 일주일이 금방 지나갔습니다. 매일매일 감사와 은혜의 눈물을 흘렸습니다.

그런데 사람이 얼마나 간사 한지…. 아니, 제가 간사한 것입니다. 일주일이 지나니 후회가 되었습니다.

'좋은 계절도 많은데 1월 1일부터, 그것도 엄청 추운 겨울에 작정을 해가지고…. 그것도 짧게 해도 되는 것을…'이라는 생각이 들면서 후회가 됐습니다. 40일이 너무 길고 힘들었습니다. 그래도 작정한 것이기에 끝까지 했습니다.

개인 기도를 하러 오는 사람은 난로가 있는 모임방을 주지 않았습니다. 새벽 4시나 5시쯤 그룹 방에 가면 기도 모임이 끝나고 사람이 없는 방이 있었습니다. 저는 그 방의 난로에 불을 붙이고, 2시간 정도 자고는 선교회로 출근을 했습니다.

어느 날은 너무 추워서 난로 조절기를 최대로 열었습니다. 추워서 그랬는지 금방 잠이 들었는데 '하나님이 모세를 부르시고, 떨기나무에 불이 붙은 것을 보여 주셨듯이 저에게도 보여달라'라고 기도를 했는데 난로에 불이 붙은 것을 보여주셨습니다.

실제로 기름 나오는 밸브를 너무 열어서 난로에 불이 붙은 것이었습니다. 잠결에 뿌연 연기와 환한 불기둥이 보여 벌떡 일어났습니다. 급하게 밸브를 잠그고 놀란 가슴을 쓸어내리며 얼마나 기도를 했는지 모릅니다. 저는 그것도 응답이라고 생각하고, 신학교에 등록해서 공부를 했습니다.

40일 작정 기도가 끝나니 마음이 상쾌하고 감사하고 기분이 좋았습니다. 지금도 그때를 생각하면 혼자라 힘들었지만 보람되고 기쁜 마음이 느껴집니다. 이런 마음의 작정을 실천하고 난 후에는 다른 계획들도 마음으로 작정을 하면 자연스럽게 응답이 이루어지고, 소망하는 것들이 이루어졌습니다. 저는 너무 신기해서 늘 하나님께 감사의 기도를 드렸습니다.

저는 진짜 행복했습니다.

기도가 잘되고 성경 책과 그날 그날 읽을 책을 가지고 들고 올라갔는데 그냥 잘 읽혔습니다. 다 쉽게 읽혔습니다. 그 이후로 난독증이 없어졌습니다.

할렐루야!

지금도 마음만 먹으면 책 읽는 것이 어렵지 않습니다.

사랑하는 부모님과 학생 여러분, 마음의 작정을 하십시오.

자기에게 유익한 어떤 계획도 좋습니다.

저처럼 기도 작정도 좋습니다.

온종일 좋은 생각하기, 좋은 일 하기, 교회 봉사하기, 기타 여러 가지 일들을 계획하고 마음의 작정을 하고 기도하고 실천하면 이루어질 것입니다.

행복은 마음으로 품은 '작정'으로 시작합니다.

16

성령의 체험

매년 여름이면 중·고등학교 형들과 누나들은 좋은 곳으로 수련회를 떠나는데 그것이 부러웠는지 나도 빨리 중학생이 되어서 수련회를 가고 싶었습니다.

세월이 참 빨라 순식간에 중학생이 되어서 형, 누나들과 강원도 산골짜기 교회로 수련회를 떠났습니다. 너무 신나고 기뻤습니다. 도착하기 전까지 말입니다.

도착하자마자 예배, 찬양, 기도…. 정말 지겹게 하더니 저녁밥을 먹고 또다시 찬양, 기도, 말씀이 이어졌습니다. 심지어 말씀을 안 외우면 밥도 주지 않았습니다.

초등학교 때의 교회 학교 성경학교가 그리웠습니다. 바로 엊그제 교회 학교 성경학교를 다니던 내가 어느새 중학생이 되어서 옛일들을 그리워하고 있었습니다.

밤에 그렇게 기도를 시키고, 쉴 만도 한데 갑자기 목사님이 "이제 산으로 올라가서 산기도를 합니다. 나무 하나씩을 잡고, 나무뿌리 뽑힐 때까지 철야 기도를 합니다. 나무뿌리 못 뽑으면 내려가지 못합니다"라고 하면서 기도를 시키는데 저는 정신적으로 혼란이 왔습니다.

어쩔 수 없이 산에 올라가서 나무를 붙잡고 기도를 하는데 기도가 안됐습니다. 어이가 없었습니다. 나무를 잡고 기도를 할 수는 있는데 나무뿌리를 못 뽑으면 산에서 못 내려간다고 하니 기가 막혀서 기도가 안 되었습니다.

감았던 눈을 살짝 떠서 다른 사람들은 어떻게 기도하는지 보는데 형들과 누나들이 큰 나무를 붙잡고 "주여, 주여" 소리를 지르면서 기도를 했습니다. 저는 산에서 빨리 내려가고 싶어서 작은 나무를 잡고 기도를 했습니다. 그런데 그것도 쉽게 뽑히지 않았습니다.

그런데 갑자기 중학교 1학년인 제 마음에서 회개가 일어나고 방언 기도가 터졌습니다. 당시 중학교 1학년인 제가 죄를 지었으면 얼마나 지었겠습니까? 앞에 가는 여학생의 가방을 발로 차서 가방을 열어버린 일, 고무줄 할 때 고무줄 끊고 도망간 일, 가끔 누나의 돼지 저금통을 살짝 티 안 나게 털어서 과자를 사 먹은 일 등이 전부였습니다. 그런데 가장 큰 죄가 생각났습니다.

옛날에는 10원을 넣으면 초콜릿 땅콩이 한 주먹 나오는 기계가 있었습니다. 저는 어머니가 50원을 헌금으로 주시면 매주 헌금의 일부로 이 과자를 사 먹었습니다. 그동안 제가 저지른 나쁜 일들이 떠오르면서 마음이 너무 아팠습니다. 갑자기 눈물, 콧물이 쏟아지면서 제 입에서 "주여" 소리가 터져 나왔습니다.

방언 기도가 터져서 엉엉 울면서 기도하는데 이상한 느낌이 들어 눈을 떴더니 모든 학생들이 저를 쳐다보고 있었습니다. 저는 상관하지 않고 계속 기도를 했습니다. 그러자 "야! 우리도 계속 기도하자"라는 누나의 목소리가 들렸습니다. 그날 새벽까지 우리는 그 산에서 방언과 회개와 성령 충만을 받는 은혜를 받았습니다.

아침이 되자 목사님께서 "날이 밝았으니 이제 내려가자"라고 하시며 저를 안고 기도를 하셨습니다. 산에서 내려와 방에 누웠는데도 계속 눈물이 나면서 흐느껴 울었습니다. 정말 신기했습니다.

그런데 사단은 늘 은혜받은 후에 역사합니다.

남들 자는데 계속 우는 것이 부끄러워서 이불을 덮고 흐느끼는데 옆에 있는 녀석이 탁! 치면서 "야, 너 진짜로 그렇게 기도한 거냐?"라고 물었습니다. 그런데 그 말에 너무 화가 나서 그 녀석을 발로 차버렸습니다.

큰 은혜를 받고 더 깊은 하나님의 체험 속에서 잘 살았으면 좋으련만 제 삶은 그렇지 못했습니다. 시골집으로 돌아가서 몇 달은 대예배만 드리고 학생회 예배는 가지 않았습니다. 돈만 있으면 서울 교회에 다시 다니고 싶었습니다.

에베소서 1장 13절은 "여러분이 구원이 기쁜 소식인 진리의 말씀을 듣고 믿었을 때 하나님께서는 그 표시로 우리에게 약속하신 성령을 보내 주셨습니다"라고 말씀하십니다.

성령의 사람은 하나님의 자녀라는 확신을 가진 자로서 죽어도 살 것을 믿고, 실패해도 성공할 것을 믿고, 절망 중에서도 하나님께서 다시 세우실 것을 믿는 사람인 것입니다.

제자들이 예수님의 약속의 말씀을 따라 예루살렘에 모여 아버지의 약속하신 것을 기다렸고 이때 성령의 충만함을 받게 되었습니다. 그때 경건한 유대인들이 각 지방에서 예루살렘에 모여 각각 자기의 방언으로 제자들이 말하는 것을 듣고 소동하여 '새 술'에 취하였다고 말했습니다. 그 정도로 그들은 성령의 완전한 지배를 받았습니다.

우리는 성령의 지배를 받아야 합니다. 저 역시 중학교 1학년 때부터 계속 '성령의 사람으로 지배를 받고 살았으면, 아픔 없이 잘 되었을 텐데…'라는 생각을 갖습니다.

사람의 마음은 두 가지로 지배를 받게 마련입니다.

성령의 지배를 받느냐, 아니면 악한 영의 지배를 받느냐입니다.

디모데전서 6장 10절에 돈을 사랑하는 것이 모든 악의 뿌리라고 합니다. "돈을 더 많이 얻으려다가 진실한 믿음에서 떠나고 오히려 더 큰 근심과 고통만 당하게 됩니다"라는 말씀에서 선택은 인생을 좌우하게 됨을 알 수 있습니다.

우리는 돈과 하나님, 이 두 가지 가운데 한 가지를 선택해야 합니다. 그럴 때 우리는 언제든지 하나님을 선택해야 하며, 성령의 지배를 받는 사람은 하나님의 사람이고 악한 영의 지배를 받는 사람은 마귀의 사람이므로 우리는 언제든지 성령의 다스림을 받아야 합니다.

하나님의 뜻을 따라 좁은 길을 가는 하나님의 사람이 될 것인지 아니면 세상 사람들이 가는 멸망의 길인 넓은 길로 갈 것인지를 정해야 합니다. 순간순간마다 성령의 지배를 받고 사는 하나님의 사람이 되기를 부탁드립니다.

제가 성령의 지배를 받으며 지내게 된 것은 군 제대 후이기에 초등학교 때부터 청년 때까지 너무 많은 시간을 소비했으며 악한 영에 사로잡혀서 매번 패배하고 쓰러지는 삶을 살았던 것을 후회합니다. 그래서 성령의 체험이 있다 하더라도 은혜받은 후에 관리가 중요합니다. 더욱더 말씀과 기도 생활을 했어야 하는데 그렇게 하지 못한 제가 한심스럽고 싫어서 원망도 많이 했습니다.

저를 지속적으로 은혜의 생활로 인도해 주는 분이 없었다는 것에 안타까움이 있습니다. 이 책을 읽으면서 늘 은혜의 자리에서 살아가는 여러분이 되시기를 소망합니다.

17

죽음이란?

많은 청소년들이 가출하고, 자살하고, 쉽게 타락하는 뉴스를 볼 때마다 과거가 생각나서 마음이 아픕니다. 죽는 거 쉽지 않습니다. 스스로 목숨을 끊는 거는 아무나 하는 게 아닙니다. 그리고 그냥 죽는 사람도 없습니다. 죽음에는 분명한 이유가 있어야 합니다. 저는 분명한 이유가 있었습니다. 저는 그 이야기를 하필 제일 중요한 시기인 청소년 때 들었습니다.

어머니께서 저를 임신했을 때 낙태하려고 했다는 이야기를 들었습니다. 저를 지우려고 했다고 했습니다. 그 이야기를 청소년 때 이모에게 들었습니다. 그것도 아무렇지도 않게 웃으면서 말씀하셨습니다.

"너는 내가 살렸어. 너희 엄마가 너 임신했을 때 지우려는 걸 그러면 큰 벌 받는다고 그러면 안 된다고 내가 말렸어. 그래서 네가 태어난 거야. 이모한테 고마워해야 해"라고 말하는데 하나도 고맙지 않았습니다. 저는 정신적으로 혼란스럽고 할 말이 없었습니다.

이 말을 듣고 난 후 신기하게도 제 마음에 항상 이 말이 돌았습니다. 그때 저는 '아하~ 엄마가 나를 지우려고 했구나? 어쩌면 나는 태어나지 못할 뻔했네'라는 생각이 계속 머릿속에서 맴돌면서 '그럼 지금이라도 죽어야 하나?'라는 생각이 들었습니다.

'그냥 지워버리지 왜 나를 낳아 가지고…'라는 생각이 들면서 부모에 대한 원망이 많았습니다. 낙태 이야기를 듣는 순간부터 '저는 세상에 태어나지 말았어야 할 놈'이라고 생각했습니다. '그냥 지워버리지…. 안 태어났으면 좋았을 걸…'이라는 생각이 들기도 하고 '어차피 죽었을 것을…. 태어나지 말았어야 했어'라는 생각이 살기 힘들 때마다 계속 머릿속에 맴 돌았습니다.

중학생 때는 '그냥 죽을까?'라는 생각을 행동으로 실행했습니다. 목을 매어 죽겠다고 결심하고 제 방 한 쪽 벽의 못에 줄을 묶어서 목을 매기 일보 직전이었습니다. 죽는다고 생각하니 하염없이 눈물이 흘렀습니다. 그런데 낮에 집에 안 들어오시는 아버지가 들어오는 바람에 줄을 풀어버렸습니다.

날카로운 칼을 준비하고는 실행에 옮기지 못한 적도 있습니다.

군대에 있을 때는 저를 괴롭히던 상병의 머리에 총을 대고 안전에서 자동으로 한 상태에서 방아쇠를 당기려고 했습니다. 취침시간이었기에 가능한 일이었습니다. 그런데 강한 하나님의 역사하심으로 제 눈앞에 저를 위해 기도하시는 어머니와 그 외 모든 사람의 얼굴이 스쳐 지나가 방아쇠를 당기지 않았습니다.

이 모든 일들이 지금 생각하면 하나님의 은혜입니다.

만약 이 악한 일에 더 마음이 확고하고 강했으면 아마 저는 지금 없을 것입니다.

죽는 것 쉽지 않습니다. 대단한 용기가 있어야 합니다. 죽는 것을 생각 많이 했지만 저는 용기가 없었습니다. 이런 악한 일에 용기를 가지면 안 됩니다. 저는 이런 일에서 벗어날 수 있도록 인도하신 하나님께 감사했습니다.

스스로 생명을 끊는 것은 귀한 생명을 주신 하나님께 큰 죄를 짓는 일입니다. 그리고 이것으로 끝이 아닙니다. 자살은 구원받지 못합니다.

모든 인생의 생사화복을 주관하시는 하나님이 주신 생명

을 스스로 끊는다면 그것은 구원받을 수 없는 일이고 구원받는 행위가 아니기 때문에 천국에 들어갈 수 없습니다.

지금 악한 영에 사로잡혀서 죽어 버리면 모든 것이 끝이라고 생각하는 사람이 있다면 분명히 말합니다. 이 세상이 끝이 아닙니다. 분명히 심판이 있습니다. 천국과 지옥이 있다는 말씀입니다.

우리가 살아야 하는 곳은 영원한 천국입니다. 우리를 사랑하시고, 우리를 창조하시고, 우리의 아버지 하나님이 만들어 놓으신 그 천국을 향해 한 걸음 한 걸음 걸어가 그 천국에 입성하는 것이 우리의 행복이라는 것을 알아야 합니다.

지금 본인 혼자만 힘들고 외롭다고 생각합니까?
아닙니다. 이 세상 사람들이 다 외롭고 힘듭니다.
모든 사람이 동일하게 고통 받으며 살아 가고 있습니다.

베드로전서 5장 8-10절과 11절에 이런 말씀이 있습니다.
"마음을 강하게 하고 늘 주의하십시오. 원수 마귀가 배고파 으르렁거리는 사자처럼 먹이를 찾아 돌아다니고 있습니다. 마귀에게 지지 말고 믿음에 굳게 서 있기 바랍니다. 온 세상의 모든 성도들도 여러분과 같은 고난을 겪고 있습니다"라고 말입니다.
마음이 어수선하고 힘드십니까?
지금 현재 악해지는 일과 유혹되는 일들이 많습니까?

마음을 강하게 하지 않으면 자신도 모르는 사이에 넘어가는 일이 많습니다. 이것은 우리를 쓰러뜨리는 일일뿐만 아니라 인생 전부를 쓰러뜨리는 악한 마귀의 계략입니다.

순식간에 일어납니다.

순식간에 당합니다.

후회하면 늦습니다.

늦기 전에 자신을 살피고 마음을 굳게 하라는 하나님의 사랑의 메시지입니다.

마음을 강하게 하고 늘 주의하는 사람에게는 두 가지 특징이 있습니다.

하나는 시험에 들지 않습니다. 깨어있는 사람에게는 시험이 다가왔다가도 도망쳐 버립니다.

또 하나는 반드시 좋은 일이 생긴다는 것입니다.

비가 온 후 땅이 다져지고, 아름다운 무지개가 새 세상, 새 마음, 새로움을 주듯이 기쁜 날이 분명히 온다는 것입니다.

이것은 마음을 강하게 하고 늘 주의하며 사는 자에게 주시는 하나님의 보상입니다. 선한 것에 더 강해지시고, 승리해서 큰 영광을 누리기를 소망합니다.

자살을 남자가 많이 시도하겠습니까? 여자가 많이 시도하겠습니까?

통계적으로 보면 남자보다는 여자가 자살을 많이 시도한다고 합니다.

그러면 자살 성공 확률은 여자가 많겠습니까? 남자가 많겠습니까?

성공 확률은 남자가 높다고 합니다.

그 이유는 남자는 자살을 생각하면 치밀한 계획을 세우지만, 여자는 치밀한 계획 없이 어설프게 자살을 시도했다가 실패하는 경우가 많다는 겁니다.

자살은 '죄'입니다. 자살은 하나님의 주권을 침해하는 것이기 때문입니다.

하나님께서만 생명을 주관하시는데 스스로 목숨을 끊어버리니 하나님께 도전하는 것과 같다는 것입니다.

마태복음 16장 26절에는 "만일 어떤 사람이 온 세상을 얻고도 자기 영혼을 잃으면 무슨 소용이 있겠느냐? 사람이 무엇과 자기 영혼을 바꿀 수 있겠느냐?"라고 말씀하십니다.

생명의 가치를 천하보다 귀한 것으로 말씀하십니다.

자살은 회개할 기회가 사라지기 때문에 죄입니다. 자살하면 용서받을 기회가 없어집니다. '자살'을 거꾸로 하면 '살자'가 됩니다.

저도 지금 살아 있습니다. 주님이 부르실 그날까지 우리는 살아야 합니다. 제대로 살아봅시다.

18

방탕한 생활

모든 것이 너무 싫어서 고1 때 가출을 했습니다. 그런데 가출한 지 일주일 만에 일하고 있던 공장으로 아버지와 삼촌이 찾아오셔서 저는 다시 집으로 끌려갔습니다.

어떻게 찾아오셨는지 처음에는 너무 놀랐는데 제가 멍청해서 그런 것이었습니다. 공장에 들어갈 때 주소와 전화번호를 쓰라고 해서 그대로 썼는데 사장님이 집으로 연락해서 아버지와 삼촌이 찾아오신 것이었습니다. 그때 다른 전화번호나 주소를 적었으면 지금 제가 목사가 아닌 공장에서 일하며 세상 사람으로 살고 있었을 것입니다.

지난 일이지만 참 하나님께 감사를 드립니다.

서울로 올라오는 기차 안에서 같이 가출했던 동생들이

"형, 우리 도망가자!"라고 말했지만, 저 때문에 어머니가 누워 계신다는 말에 그럴 수 없었습니다.

저는 고1 때부터 담배와 술에 절어 살았습니다.

이런 나쁜 일을 할 때 꼭 등장하는 친구가 있지요. 저보다 인생을 먼저 살았고, 어른인 것 같이 여기고, 폼 잡고 사는 친구가 우리 주변에는 꼭! 있습니다.

이 친구는 제가 체험해 보지 못한 신기한 것으로 유혹했습니다.

하루는 담배를 가지고 와서는 "이거 우리 할아버지가 피우는 건데 우리 한번 빨아 볼까?"라고 했습니다. 저는 그만 유혹되어 한방에 훅 갔습니다. 친구가 먼저 쭈~욱 빨고 피는 모습이 왜 그렇게 멋있어 보이던지요. 하긴 그때는 별 볼일 없고 쓸데없는 것이 멋있게 보일 때였습니다.

산에 올라가서 담배를 피우는데 하늘이 노랗고, 머리가 아프고 구름이 빙빙 돌았습니다. 속이 역겹고 머리도 아파서 '에이 이게 뭐야!'라며 안 하려고 했는데 인생을 먼저 살아보고 경험이 많은 친구가 "도넛 만들면 죽인다"라고 말하며 담배를 쭉 빨아들였다가 내뱉으면서 동그랗게 도넛을 만들었습니다. 얼마나 멋있고, 신기한지 저도 따라 하게 되었습니다.

별 볼일 없는 친구들과 담배를 피우고 돌아다니면서 '이

제 어른이 되어 가는구나'라고 생각했습니다. 그렇게 방탕의 시간을 보냈습니다. 삶의 의미도 비전도 없었기에 제 몸이 더럽혀지고, 막 살아도 괜찮다는 생각이 들기 시작하면서 사람이 순식간에 변했습니다.

술은 어떻습니까?

첫 술은 명절날 밤에 배웠습니다. 어른들은 "쌌네! 먹어라! 고! 스톱!"을 외치며 밤새도록 우리 세뱃돈을 빼앗아서 놀고 있을 때 친형과 저, 사촌 형 셋이서 한 잔을 했습니다.

사촌 형이 "이건 와인이라고 하지. 푸하하"라면서 와인 잔에 우아하게 따라서 술을 마시는데 '아하~ 이런 좋은 것을 어른들이 우리 몰래 먹었군'이라고 생각하면서 홀짝홀짝 한 병을 다 마셨습니다. 그런데 별 기미가 없었습니다.

이제 그만 자려고 누웠는데 머리가 핑 돌면서 전기 불을 끄려고 줄(옛날에는 끈을 잡아당겨서 끄는 전기 불이었습니다)을 잡아당기는데 그 줄이 잡히지 않고 손이 허공을 헤맸습니다. 그러자 두 형이 깔깔깔 웃으면서 놀렸습니다. 제가 비틀거리니까 형이 "내가 할게"라고 했지만 형도 손을 허우적 거렸습니다. 그날 셋이서 얼마나 웃고 떠들었는지 모릅니다.

그런데 생각해 보니 그게 첫 술이 아니었습니다.

어렸을 때 할아버지와 아버지 삼촌들이 술은 어른한테 배워야 한다면서 주셨습니다. 아이들이 먹고 인상 쓰는 모습이 즐거운지 어린아이들에게 먹였던 것이 생각납니다. 이런 장난들이 사람을 망치는 짓이라는 것을 지금 어른들은 알고 있는지 모르겠습니다.

분노로 가득한 마음으로 살던 제게 술이 들어가니 망나니가 되었습니다.

논두렁에 앉아서 새우깡을 안주 삼아 취할 때까지 막걸리를 마셨습니다. 어떨 때는 정신을 잃을 때까지 마셨습니다. 이 모든 상황을 잊어버리고 싶어서 그렇게 방탕한 생활을 했습니다.

고등학교 때 유도를 배우면서는 지나가는 사람한테 시비를 걸어서 두들겨 패고, 포장마차를 뒤집어엎기도 했습니다. 친구들과 마음에 안 드는 놈을 때리기도 하고, 모이면 술 마시고 싸우면서 정신없이 시간을 낭비했습니다.

'술의 기원'이라는 탈무드 이야기가 생각이 납니다.
최초의 인간이 포도를 재배하고 있었습니다.
악마가 찾아와서 "무엇을 하고 있는가?"라고 물었습니다. 인간이 "멋진 식물을 심고 있지!"라고 말하자 악마는 "이런 식물은 본 일이 없는데…"라고 되물었습니다.
인간은 "이것은 아주 달콤하고 맛있는 열매가 열려서, 그 즙을 마시면 우리를 행복하게 만들어 주는 열매야"라고 말

153

했습니다.

악마는 그렇다면 자기도 꼭 한몫 끼워 달라고 말하면서 양과 사자와 돼지와 원숭이를 데리고 와서, 이 네 마리를 죽여서 그 피를 비료로 쏟아부었다고 합니다.

이것이 탈무드에 나오는 술의 기원입니다.

처음 술을 마시면 양처럼 순해지고, 그보다 더 마시면 힘이 생기면서 성난 사자처럼 무서워집니다. 조금 더 마시면 돼지처럼 오바이트를 하고 더럽고 추해집니다. 조금 더 마시면 취해서 원숭이처럼 비틀거리고, 춤추거나 고성방가를 하며 노래를 부르게 됩니다. 이것이 악마가 인간에게 준 선물입니다.

저는 "여러 가지 술을 배합해서 빨대로 빨아 마시면 더 뽕 간다"라고 해서 그렇게도 해봤습니다. 취하면 보이는 게 없어서 다 부숴버렸습니다.

잠시 직장에 다닐 때 상무라는 사람이 어리다고 뒤통수를 자꾸 때려서 술상을 뒤엎고 나오면서 그 가게 현관문을 발로 찼는데 발꿈치가 찢어진 일도 있었습니다.

군대에서 휴가를 나왔을 때는 술집을 때려부숴서 경찰이 출동해 경찰서에 끌려갔다가 아버지가 사정사정해서 풀려난 적도 있습니다.

목사가 돼서 기도원에 갔을 때 후배를 만났는데 후배가

이렇게 말했습니다.

"형, 반가워요. 목사님 되셨다는 이야기 들었어요. 지금 보니 눈이 참 선해지셨네요. 그때는 형 눈을 못 쳐다봤는데…. 살기가 있어서…."

맞습니다. 누구를 죽이고 싶었는지, 누가 그렇게 미웠는지 눈에 살기가 가득 찼던 것 같습니다.

그랬던 제가 어떻게 술과 담배를 끊었을까요?

군 제대 후 담배는 끊었는데 술이 문제였습니다.

친구들과 마시는 것이 너무 좋아서 술을 끊을 수가 없었습니다. 술을 끊는 방법들이 많이 있겠지만 저는 친구를 버렸습니다. 만나지 않았습니다. 지금은 그 친구들에게 미안하지만 그 방법 밖에는 없었습니다.

미국의 (전)대통령 해리슨이 술을 권유받았을 때 이런 말을 했다고 합니다.

"나하고 같이 대학을 졸업한 사람이 16명 있는데 그들은 술을 마셨기 때문에 모두 죽고 나 혼자만 살아남아 있습니다. 내가 오늘날까지 이렇게 건강하게 국가에 공헌할 수 있는 것은 분명히 술을 마시지 않은 덕택입니다."

에베소서 5장 18절에는 "술 취하지 마십시오. 여러분의 영적인 삶을 갉아먹을 것입니다. 성령으로 충만해지도록 힘쓰십시오"라고 하였고 또 "나실인에는 포도주나 독주를 마시지 말며"라고 하였고 잠언서에서는 "술을 보지도 말라"라고 하였습니다.

우리의 몸은 거룩한 성전입니다.
성령님이 거하셔야 할 성전에 다른 것들을 채울 수 없습니다. 지금도 이 문제로 힘들어하시는 분이 계신다면 마음에 결단하시고 거룩한 것들을 채우시기를 주님의 이름으로 부탁드립니다.

(19)

폭력자가 되다

내가 신경이 날카로워지면서 예민해지고 늘 분노가 가득할 때 사단이 역사했습니다. 그런 걸 느끼고 알면서도 그냥 그렇게 사로잡혀서 이끌려 가게 되는 것 같습니다.

술과 친구를 좋아하고 취하면 마음에 안 드는 놈 때리기도 하고 패싸움도 하고 폭력자가 되어 막 살았습니다.

제 눈에 살기가 있었습니다. 독이 가득 차서 하루하루 살았습니다.

중학교 때는 칼을 들고 덤비는 놈이 있었는데 그 칼 가까이 가서 "그 칼로 오늘 나를 못 죽이면 네가 죽을 수 있어!"라고 말하며 죽여버릴 마음으로 덤비니 그 녀석이 꼬리를 내리고 자리에 앉은 기억이 납니다.

157

고등학교 때는 한 놈이 나를 열받게 해서 의자를 들어서 등을 내리찍었습니다. 친구들이 안 말렸으면 머리까지 날려 버렸을 겁니다.

저는 아버지를 죽여버리겠다는 분노를 그렇게 풀어버리고 산 것 같습니다. 그러면서 더 살벌해지고 포악해지고 성난 사자처럼 누구든지 건들면 가만 안 두겠다는 분노가 가득한 자로 살아갔습니다. 이런 분노는 자기 자신을 미워하는 부분부터 시작되는 것 같습니다.

저는 더 이상 이러는 저 자신이 너무 싫고 미웠습니다. 아버지를 닮은 것 같아서 싫었고 아버지 문제도 제 문제인 것 같아서 싫었습니다. 가난도 싫고 제 성격도 싫고 그래서 더 폭력적인 사람이 되어가고 있었습니다.

교회에서는 그래도 차분하고 내성적인 모습으로 지내면서 까불고 장난 잘 치는, 그래도 괜찮은 아이로 사랑받고 지냈습니다.

한 번은 형들이 "너도 성가대 하자"라고 했는데 제가 교회 봉사하는 것을 어머니가 기뻐하시고 좋아하셔서 성가대를 하게 되었습니다. 제 신앙이 아닌 어머니가 좋아하는 일이라 했던 것 같습니다.

어느 날 성가 연습을 하는데 말장난으로 사람을 웃기게

만드는 일이 있었습니다. 제가 애드리브를 하거나 말꼬리를 잡아서 관중을 웃게 만드는 것이 재미있었습니다. 어디서나 그렇게 분위기를 띄웠던 것 같습니다. 그런데 담임 목사님 아들이 갑자기 이렇게 말했습니다.

"거 좀 진지하게 연습하고 그럽시다."

이 말을 들은 저는 확 돌아버렸습니다. 그 자리에서 일어나 목사님 아들의 가슴팍을 후려갈겼습니다. 그 녀석이 뒤로 넘어졌는데 성가 대원들이 안 말렸으면 발로 밟아버리려고 했습니다.

"싸가지없는 놈. 네 눈에는 형도 안 보이냐? 조금 웃겼다고 네가 언제부터 진지하게 열심히 잘했다고 지랄이야!"

지금은 이 정도로 생각나는데 당시에는 더 심하게 욕을 했던 것 같습니다. 이제 생각하니 제 입에서 욕 없이는 말을 안 했던 것 같습니다.

당시 저는 화가 나면 주변에 손에 잡히는 것들을 팬 것 같습니다. 패싸움할 때는 손에 잡히는 대로 휘둘렀습니다.

군대에서도 한 번은 야삽으로도 패고, 총이 잡혀서 총 개머리판으로 팬 적도 있고 유리창도 주먹으로 깨서 유리를 들고 찍으려고 할 때 동기와 후임이 말려서 그만두었던 기억도 납니다.

병장 때는 이런 생각이 많이 들었습니다.

"나는 무엇을 하고 살아야 할까?

제대하면 어떻게 살아야 할까?"

늘 고민하고 생각하고 또 고민하고 생각했습니다. 지금 생각해 보면 그래도 순간순간 사람답게 살아보고 싶은 생각을 했던 것 같습니다.

이런 생각도 하나님이 주신 은혜이 어머니의 기도였습니다.

화가 나면 참지를 못했습니다. 밤에 근무를 서는데 계속 저를 괴롭혔던 상병의 머리에 총을 대고 안전에서 자동으로 안전 클립을 풀고 죽여버리고 저도 죽으려고 했습니다.

눈을 감고 방아쇠를 잡아당기려는 순간 어머니의 기도 모습과 저를 위해 기도해 주는 사랑하는 사람들의 모습이 제 눈앞에서 사라지지 않았습니다. 저의 검지는 주님의 손에 의해 당겨지지 않았고 무사히 제대할 수 있었습니다.

그 후로 '착하게 살아야겠다. 성실하게 살아야지. 잘 살아야지. 행복하게 살고 싶다'라는 생각이 계속 들었습니다.

분노로 가득 찬 마음과 내 안에 있는 폭력성을 없애는 것은 딱! 한 가지인 것 같습니다. 그것은 '찬양'입니다. 이것은 제가 목사라고 해서 제시하는 것이 아니라 진짜 그렇습니다.

저는 군대에서 기타를 배웠습니다. 처음에는 가요를 부르다가 쉬운 가스펠 그리고 제대 후에는 교회에서 찬양을 많이 연주했는데 기타와 찬양이 저를 순하게 만든 것 같습니다. 제대 후 형들과 중창단을 만들어서 전국 청년 가스펠 대회에 나가 1등을 하기도 했습니다.

찬양은 치료가 있습니다. 아플 때 약을 한 번 먹는다고 낫지 않고 꾸준히 먹어야 낫는 것처럼 찬양은 쉬지 말아야 합니다. 꾸준히 해야 합니다. 꾸준히 계속 찬양하는 가운데 치료가 자연스럽게 된 것 같습니다.

기타를 치면서 찬양을 많이 불렀던 것 같습니다. 저는 교구 목사로 사역을 할 때도 기타를 매고 찬양 인도를 했습니다. 꾸준히 지금까지 기타를 치면서 찬양할 수 있도록 해주신 하나님께 감사드립니다.

사도 요한은 세상에 대하여 이런 말을 했습니다.

"이 세상이나 세상에 있는 것들을 사랑하지 말라 누구든지 세상을 사랑하면 아버지의 사랑이 그 안에 있지 아니하니"(요일 2:15)

이 세상은 하나님을 대적하는 세상이며 흑암의 권세가 다스리는 세상입니다. 그러므로 이 세상은 우리가 사랑해서는 안 될 세상이라고 사도 요한은 강하게 말하고 있습니다.

사단의 영은 폭력적인 방법으로 사람을 지배하기 때문에 사단의 영이 사람의 마음에 들어오면 정신과 행동이 이상해지고 파멸에 이르게 되는 것을 우리는 압니다.

그때는 제가 이런 상태였습니다.

그러나 성령은 거룩하시고 겸손하신 영이며 우리 안에 임재하셔서 합리적이고 감동적으로 인도하십니다.

미국 도시에 그토록 폭력이 많은 이유 중 하나는 문맹 때문이라고 합니다. 자신이 무기고에 가지고 있던 총기들과 그 수하 갱단들이 저지른 총격 및 강도 사건에 대해 떠벌리며 자랑하던 갱단 두목을 어떤 사람이 인터뷰한 일이 있었습니다.

인터뷰 끝부분에서 질문자가 그에게 가장 갖고 싶은 것이 무엇인지를 물었습니다. 그 완악한 갱은 갑자기 부드러워지더니 거의 울먹이면서 "글을 읽을 수 있는 것"이라고 말했다고 합니다.

하나님의 거룩한 영으로 우리는 새롭게 될 수 있습니다.

그래서 하나님의 살아있는 생명의 말씀을 읽어야 합니다.

말씀으로 거듭나야 합니다. 이런 거듭남의 축복에서 자연스럽게 입에서 나오는 것이 찬양입니다. 이 찬양을 통해 폭력적이고 잔인해진 모습들이 사라지고 온유함과 부드러운 감동적인 사람으로 변할 수 있습니다.

제가 이런 간증을 하면 사람들이 놀랍니다.

'그렇게 생기지 않았는데… 귀족처럼, 금수저처럼 자랐을 것 같은데…'라고 놀라며 이렇게 말하는 분들이 많습니다.

온유하고 편하고 부드러운 얼굴로 변했습니다.

마음도 평안이 넘치고 기쁨이 충만합니다.

지금도 내 옛 속사람이 불같이 올라올 것 같아서 찬양을 매일 듣고 부릅니다.

시편 149편은 "하나님을 찬양하되 하나님께서 죄로 말미암아 타락한 우리를 죄에서 구속하여 주셨으니 이 구속하신 하나님을 찬양하라"는 시인데 이러한 의미는 4절에서 강하게 나타나고 있습니다.

"여호와께서는 자기 백성을 기뻐하시며 겸손한 자를 구원으로 아름답게 하심이로다"(시 149:4)

여기서 '겸손한 자들'이라는 말은 우리가 보통 말하는 겸손한 자라는 말보다 억울하게 고통받으며, 죄 아래에서 억압당하는 자를 말합니다.

바로 하나님의 택함을 받은 자를 말하는 것입니다.

시편 149편은 일상적인 삶 속에서 억울하게 고통 당하거나, 사탄의 유혹으로 죄의 억압 속에 있는 하나님의 택함 받은 자들을 하나님께서 계속 내버려 두는 그런 분이 아니시라는 것입니다.

일정한 단련의 기간이 지나면 자기 백성을 그 죄와 고통 속에서 구원하시고 더욱 보호하시고 끝내게 하시는 분이라는 것입니다.

그러니 이러한 하나님을 반드시 찬양해야만 한다는 말씀입니다.

"성도들은 영광중에 즐거워하며 그들의 침상에서 기쁨으로 노래할지어다"(시 149:5)

이는 얼마 전까지는 억울함과 죄의 고통 속에 있었지만

지금은 하나님의 위로하심과 은혜로 편안한 마음으로 침상에 누워 있으니 그 기쁨을 찬양으로 하나님께 찬양과 경배를 드려야 한다는 말씀입니다.

윌리엄 젠킨스라는 분은 찬양에 대하여 "기도로 시작한 모든 삶의 결론은 곧 찬양이다"라는 유명한 말을 남겼습니다.

매일 찬양을 들으면서 운전을 하고 찬양을 하고 가정과 직장에서 일을 하면서 매일 찬양의 삶을 살았는지 모르겠지만 오늘 이후로 더욱더 찬양의 삶이 우리의 삶 가운데 풍성하게 일어나서 폭력이 없어지기를 소망합니다.

저는 찬양으로 고침 받았습니다.

찬양은 치유의 능력이 있습니다.

찬양은 마음의 평안을 줍니다.

찬양은 기쁨이 있습니다.

아버지를 죽이기로 마음을 먹다

누나는 시집을 가고 형은 회사 근처에서 혼자 살고 아버지와 어머니 저 셋이서 살 때였습니다. 지금도 그렇지만 그때도 친척들과 모든 분들이 "저렇게 착한 부인과 아이들이 있는데 왜 그러세요"라고 아버지에게 권면의 말을 했습니다.

제가 어렸을 때 손톱을 깨물거나 피가 나도록 살을 물어뜯었고 이불 속에서 울면서 이를 갈며 '내가 크면 아버지를 가만두지 않겠다'라고 마음을 먹었습니다. 때론 아버지가 무서워서 어머니를 때릴 때도 말리지 못하고 아무 말도 못하는 내가 미칠 정도로 밉고 싫었습니다. 그런데 힘이 생기니까 '이제 한 번만 더 칼을 들고 설쳐 대면 가만두지 않겠다'라는 생각이 들었습니다. 얼마 후 제가 없는 사이에 아버지께서는 퇴근하고 들어오는 어머니께 칼을 들이대며 "죽이겠다"라고 했습니다. 이 모습을 본 저는 순간 이성을 잃었습니다.

다음날 아버지를 죽이겠다고 마음을 먹고 아버지가 휘두르던 칼을 옷 속에 숨긴 후 밤에 술에 취해 걸어오는 아버지를 기다렸습니다. 심장이 요동치고 무서운 마음에 소주 한 병을 한 번에 들이키고 아버지가 오는 길옆에서 숨어서 기다렸습니다. 술을 마셨는데도 정신이 멀쩡해서 다시 가게에 가서 두 병을 사 한 번에 다 마셔도 정신이 멀쩡했습니다. 술에 취해서 실행에 옮기려고 했는데 정신이 멀쩡해서 실행에 옮기지 못했습니다. 술에 취해 집으로 걸어 올라가는 아버지 모습을 눈물 흘리며 쳐다만 봤습니다.

그날 밤 길옆 숲에서 얼마나 울었는지 모릅니다.
'왜? 내가 이런 고통을 가지고 살아야 하는지….'
그때 제가 더 강한 마음을 먹었다면 지금 이 자리에 있지 못했을 것입니다.
이러지도 저러지도 못하는 제 모습이 정말 싫어서 소주병으로 제 머리를 치고 싶었고, 병을 깨서 온몸을 난도질하고 싶은 마음뿐이었습니다. 그런데 그렇게 하지 않도록 붙잡아주시고 모든 어려운 일들을 잘 넘어갈 수 있도록 인도해 주신 하나님께 저는 늘 감사의 마음을 가지고 살아갑니다. 모든 것이 하나님의 은혜라는 것을 저는 크게 깨닫고 있습니다.

이 일 후 저는 스스로를 학대하며 매일 술에 취해 살게 되었고, 이런 자신이 미웠고, 싫었고, 저 자신이 용서가 되지 않았습니다. 또다시 반복되는 우울증으로 삶의 소망도 없어지고 분노만 남은 저는 '이번에는 참지만 한 번만 더 그러면 다시는 참지 않겠다'라고 마음먹으며 살았습니다.

그렇게 시간이 지났습니다. 진짜 너무너무 힘든 시기였습니다. 이렇게 저를 힘들게 하는 아버지가 너무 미웠고 싫었습니다.

결혼 후에도 부모님과 같이 살았는데 하루는 아내가 빨리 집으로 오라고 해서 집에 갔더니 아버지가 어머니 죽이겠다고 또 칼을 휘두른 것입니다. 이때 아내가 임신한 상태였는데도 아버지는 제 아내 앞에서 칼을 휘두르며 어머니를 죽이려고 했습니다. 아내는 임신한 몸으로 아버지를 말렸습니다. 아버지는 방문에 칼을 찍고 집을 나가셨습니다. 이때는 신학 공부를 하며 최선을 다해 믿음으로 살면서 교회에서 운영하는 선교 유치원을 아내와 함께할 때였습니다.

십계명의 '살인하지 말라'는 말씀 속에 담겨 있는 하나님

의 마음이 무엇입니까? '형제에게 노하는 자마다 심판을 받게 되고….'

'심판'이라는 것은 사람을 죽인 자가 받는 사형을 말합니다. 그러므로 형제에게 노하면 살인자가 벌을 받을 것이라는 말씀입니다.

살인자는 지옥에 간다고 성경은 분명히 이야기하고 있습니다. 형제를 향해서 마음속에 분노하는 행위 자체가 살인입니다.

'행동으로 살인하지 않았으니 나는 괜찮다. 나는 의롭다'라고 생각할지 모르지만, 마음 깊은 곳을 감찰하시는 하나님의 눈에는 살인자입니다. 마음에 남을 미워하고 남을 증오하는 감정이 있으면 하나님은 벌써 살인한 것으로 간주하시기 때문입니다.

요한일서 3장 15절은 "자기 형제를 미워하는 사람은 누구나 살인자입니다. 여러분도 아시다시피 살인자에게는 영원한 생명이 있을 수 없습니다"라고 합니다.

'형제를 미워하는 자마다 살인하는 자다!'라니 얼마나 놀라운 말씀입니까?

하나님이 얼마나 두려우신 분입니까?

누가 그 하나님의 눈을 피할 수 있습니까?

우리의 생각을 통찰하시고 우리의 감정을 읽으시는 하나님의 눈을 누가 피할 수 있습니까?

아무도 피할 수 없습니다.

사람을 병들게 하는 것은 분노와 미움의 감정입니다.
남에게 이런 감정을 품으면 결국 자신이 망가집니다.
그런데 저는 남이 아닌 나를 낳아주신 아버지가 미워서
사람이 생각도 하지 말아야 할 짓을 생각하고 '죽이겠다'라
는 마음까지 가졌습니다. 그리고 실천하려고 했다는 것이
저를 너무 힘들게 했습니다. 저는 망가질 때로 망가져서 용
서받지 못하고 이대로 내 인생이 끝나는 줄 알았습니다.
이때 제 마음속에는 분노가 가득 차 있었습니다.
살짝만 건드려도 폭발하는 폭탄과 같은 삶이 계속되었습
니다. 그러나 하나님 아버지는 끝까지 저를 안아주셨습니
다. 저를 더럽게 여기지 않으시고 눈물을 흘리시며 안아주
셨습니다. 말씀으로 격려해 주셨습니다.
"내가 너를 사랑한다. 내가 너와 함께 할 것이고, 내가 너를 들어 쓰겠
다"라고 말씀하셨습니다. 늘 위로의 말씀을 주셨습니다. 이
런 저를 용서해 주셨고 함께해 주셨습니다. 그리고 지금까
지 제 손을 잡고 동행하고 계십니다.

용서하면 마음이 평화로워집니다.
성경은 말합니다.
"노하기를 더디 하는 것이 사람의 슬기요 허물을 용서하는 것이 자기의
영광이니라"(잠 19:11)

다시 한번 하나님의 은혜에 감사를 드립니다.

제가 너무 좋아하는 찬양 가사입니다.

제목은 '어찌 하여야'입니다.

「어찌 하여야 그 크신 은혜 갚으리

무슨 말로써 그 사랑 참 감사하리요

하늘의 천군 천사 라도 나의 마음 모르리라

나 이제 새 소망이 있음을 당신의 은혜라

하나님께 영광 하나님께 영광

하나님께 영광 날 사랑 하신 주

그 피로 날 구하사 죄에서 건지셨네

하나님께 영광 날 사랑 하신 주

바치리라 모두 나의 일생을 주님께

세상 영광 명예도 갈보리로 돌려 보내리」

하나님의 은혜로 저는 삽니다.

하나님의 은혜 없이는 저는 죽었습니다.

'왜 아버지는 어머니를 미워하고 죽이고 싶은 마음으로 사셨을까? 왜 그러셨을까?'라는 의문점이 많지만 그중에 하나는 바로 제사 문제였습니다. 어머니는 맏며느리이십니다. 할아버지, 할머니가 돌아가시고 제사 문제 때문에 너무 시끄러웠고 싸움이 컸습니다. 믿지 않으시는 막내 작은아버지와 고모들이 아버지를 괴롭혔고, 아버지는 어머니와 저희

세 남매의 말에 따르기로 해서 제사를 안 지내시기로 마음 먹었습니다.

그런데 형제들이 괴롭히면 "그래 제사 지내마!"라고 이야기하고는 스스로 괴로워서 술을 드셨습니다. 명절에 가족끼리 산소에 가서 예배를 드리면 아버지 혼자서 과일과 음식을 올려놓으시고, 절을 하시면서 이러지도 저러지도 못하셨습니다.

큰고모와 막내 고모가 와서 우리 어머니께 큰소리를 치면서 삿대질을 한 적도 있습니다.

"맏며느리면서 우리 아빠, 엄마 제사를 왜 안 지내는 거예요?"라고 소리를 지르며 난리를 쳤습니다. 제가 너무 화가 나서 뭐라고 하려 하자 "너는 어리니까 빠져"라고 했습니다. 당시 저는 고등학생이었는데 화가 나서 어머니께 "어머니 제사상 준비하세요. 대신 매일 준비하세요. 아침, 점심, 저녁으로 준비하세요. 나는 우리 할아버지, 할머니가 일 년에 한 번 식사하시는 것 못 보니까 매일 제사상을 차리고 큰 고모와 막내 고모도 매일 와서 할아버지, 할머니와 함께 식사하세요"라고 소리를 질렀습니다.

제 말에 고모들은 조용해졌습니다.

맞는 말 아닙니까? 왜 일 년에 한번 식사로 때웁니까? 조상들이 일 년에 한 끼를 드시고 살 수 있겠습니까? 매일 드시게 해야하는 것 아닙니까?

제 말이 맞는지 고모들은 말을 못 하고 무조건 "너는 어리니까 빠져라"라고 했습니다. 어머니는 "제사만큼은 죽어도 못한다"라며 아버지께 맞으며, 욕을 먹으며 버티고 버텼습니다.

어머니가 이렇게 하신 것은 우리가 복받는 일이며 우리가 살길이기에 그렇게 하셨다고 생각합니다.

어머니가 신학적으로 많이 알지 못해도 하나님이 제일 싫어하는 제사는 목에 칼이 들어와도 할 수 없는 일이라는 것을 잘 알기에 실천하신 것입니다.

진정한 크리스천에게 세상과의 타협은 없습니다. 특히 하나님이 제일 싫어하는 제사 문제는 타협할 수 없습니다. 저희 삼 남매가 이 부분은 강하게 어머니 편에 서서 도왔습니다. 그래서 아버지도 동의했고, 제사 안 지내기로 했는데 믿지 않는 형제들을 만나고 오면 마음이 변해서 우리에게는 아무 말 못 하시고 어머니를 괴롭히셨습니다.

어머니는 할아버지, 할머니는 물론 막내 작은아버지와 고모 두 분을 모시고 살았습니다. 제가 어렸을 때는 대식구였습니다. 아버지가 다 먹여 살리고, 어머니가 손발이 부르트도록 수고하고 애쓰셨습니다.

그런데 싸울 때는 저한테 "빠져라"고 했습니다.

저는 더 크게 소리쳤습니다.

"제가 왜 빠져요? 내 할아버지, 할머니인데. 그리고 우리 어머니한테 왜 야단들이세요"라고 소리를 질렀습니다. 성질 같아서는 더하고 싶었지만 참았습니다.

예수님께서 재림하실 때까지 예수님을 안 믿는 사람은 어떻게 된다고 했습니까?

예수님께서 재림한 후에도 예수님을 믿을 수 있다고 했습니까?

이를 갈며 슬퍼한다고 했습니다.

세상에는 때가 있는 것입니다.

그 기간이 넘어가면 못합니다. 그래서 기독교에서는 때가 지나가기 전에 일하고, 부모님 돌아가시기 전에 효도하라는 것입니다.

그러나 제사 제도, 유교 사상, 불교 사상에서는 돌아가시기 전에 효도를 못 했으면 죽은 다음에 해도 괜찮다고 합니다. 이것은 하나님의 말씀과 배치되는 거짓입니다.

사단의 거짓입니다.

진리가 아닌 것을 진리처럼 만들어서 돌아가신 다음에도 효도하면 그 효도를 부모님이 받으실 줄 알고 사단의 거짓말에 인간이 속아 넘어간 것입니다. 이런데도 제사 제도를 괜찮다고 하실 것입니까?

이것이 영적 싸움입니다. 이 영적 싸움에서 어머니는 승리하셨습니다. 이런 영적 싸움에서 물러나지 마시고, 승리하시는 우리 모두가 되기를 소망합니다.

이렇게 사는 것이 너무 괴로워서 "이대로 이렇게 살 수 없는데…. 하나님 저 어떻게 살아야 합니까?"라고 술에 취해 강대상 앞에서 새벽까지 울면서 하나님께 물었습니다. 하나님의 말씀이 바람처럼 지나가듯이 제게 말씀하셨습니다.
"다 끊어라! 다 버려라!"

(21)

다 끊어라! 다 버려라

이날만 생각하면 아직도 가슴이 뛰고 심장이 멈추는 느낌입니다.

얼마나 울면서 나 자신과 하나님을 원망하며 소리 지르고 기도가 아닌 한풀이를 했는지 모릅니다. 정신을 잃어서 쓰러져있다가도 잠이 깨면 강대상을 붙잡고 울면서 기도했습니다.

"하나님, 제가 어떻게 살아야 하나요? 너무 힘듭니다. 너무 괴롭습니다. 하나님….."

하나님의 음성은 "다 끊어라! 다 버려라!" 딱 여덟 마디의 응답이었습니다.

마음에 강한 결단이 생기면서 담배를 피우지 않게 되었습니다. 냄새도 역겨웠습니다. 어디서 인가 냄새가 나면 화가

175

머리끝까지 올라와서 견딜 수가 없었습니다. 술은 친구들을 만나면 먹게 되기에 "다 버려라"라는 하나님의 말씀에 순종하여 만나지도 않고 연락도 하지 않았습니다.

오직 나의 비전을 위해, 사랑하는 하나님의 영광을 위해 달리기 시작했습니다.

저는 친구들이 많았습니다. 집 근처 친구들 수십 명과 서울 친구들 수십 명이 떼를 지어 다녔습니다. 하나님의 음성을 들은 후 연락도 안 하고 만나지 않았습니다. 내가 사랑하는 사람, 내가 사랑하는 모든 것들을 다 버렸습니다. 다 끊었습니다.

여기서부터 성령님의 역사가 시작되었습니다.
매일매일 하나님의 은혜로 살아가게 되었습니다.
저는 매일 하나님께 질문하고 살았습니다.
저는 매일 저 자신을 죽이고 살았습니다.
신학 공부를 하는 형에게 상담했습니다.
"형, 내가 어린이에 관심이 많은데 그런 쪽으로 일하는 곳 중에 아는 데 있어요?"
그 형은 오래 생각도 안 하고 곧바로 답을 해줬습니다.
"한국 어린이 교육선교회가 있는데 한 번 가봐."
저는 망설이지 않고 곧바로 선교회를 찾아가서 일하기 시작했습니다.

저는 어린이 사역 비전을 가지고 '다른 일에 신경 쓰지 말고 나의 삶, 나의 비전을 향해 달려가자!'라는 생각과 마음을 되새기면서 저 스스로를 다스리고 절제하며 살았습니다. 이런 강한 마음을 주신 하나님께서 저를 이렇게 만드셨습니다.

그래서 제가 깨달은 것은 '사람이 비전이 있으면 악한 것은 끊게 된다'라는 것입니다. 저의 마음과 생각에는 온통 비전을 이루고자 하는 마음뿐이었습니다.

비전의 사람으로 바뀌고 나서 하루하루 생각과 행동이 달라지니 다른 더러운 것들이 나의 생각과 마음에 들어올 수가 없었습니다. 그 잡다한 것을 채울 여유가 없었습니다.

선교회 서점에서 정직원으로 일하는 게 너무 좋았습니다. 책을 나르고 정리하는 게 얼마나 행복한지 열심히 일했습니다. 잡다한 생각이 들어오지 않도록 그냥 열심히 살았습니다. 그리고 퇴근 후에 어린이 신학에 관한 공부를 했습니다.

행복은 같은 영을 갖고 있는 사람들과 함께 지내는 것입니다. 그 사람들과 함께 공부하고 찬양하고 같은 마음으로 사는 것이 행복입니다. 여기에 기쁨이 있습니다.

지나고 보니 그때 그 시간이 기쁘고 행복했습니다. 모이면 찬양하고 기도하러 기도원에 가고 여러 가지 행사를 준비하려고 같이 먹고 회의하고 다투기도 하고 삐지기도 했습

니다. 그러나 마음을 모아 시간을 보내며 한 가지씩 이루어
낸 것을 보면서 기뻐하고 흐뭇해 주고 스스로 대견스러워하
면서 힘들어하는 사람을 위로해주고 외로워하는 사람에게
외로움을 잊게 해주었습니다. 또 누군가에게 있었던 여러
가지 사건들을 들어주고 편들어주고 나무라기도 하고 야단
도 치면서 서로 울고 웃던 시간이었습니다.

　다 끊고 다 버리니까 새로운 영의 친구들을 만나게 해주
셨고 생각하지도 않은 아름다운 세상을 보여주셨습니다. 어
떻게 살아야 하는지도 가르쳐 주셨고 힘들 때마다 무릎을
꿇게 만드셨습니다.
　포기하고 싶을 때 나의 손을 잡아주셨습니다.
　지치고 힘들 때 하나님을 찬양하는 마음과 입술을 주셨습
니다.
　어려울 때 힘이 되어주는 사람들을 붙여주셨습니다.

22

나 자신과의 싸움

목사가 된 후 어렸을 때 정말 친하게 지내던 친구와 연락이
돼서 통화를 했습니다.

"나야 철유."

"누구? 철유? 이런 18개 * * ."

오랜만에 들어보는 육두문자가 저를 웃게 만들었습니다.

친구는 제가 무슨 일을 하는지 궁금해했습니다.

"나 목사 됐어."

"에이 18… 개 * * . 목사한테 욕해서 나 벌 받는 것 아냐?"

보고 싶은 친구였는데 만나지 않았습니다.

목사 신분으로 전도해야 하는데 그 친구와 한 잔 할 것 같
아서 찾아가지 않았습니다.

"주여! 나를 도우소서."

제가 할 수 있는 것은 도와달라는 기도뿐입니다.

지금도 저는 이 기도만 합니다.

"저를 도와주세요."

저를 도와주실 분은 하나님밖에 없기에 간절히 기도합니다.

"저와 함께해 주세요"라고.

지금도 한 시간이든 몇 시간이든 기도할 때 계속 반복하면서 외치는 기도가 이 기도입니다.

"저를 도와주세요! 저와 함께해 주세요!"

어느 날 친형이 자기 친구들에게 이렇게 말했습니다.

"이 자식 독한 놈이야. 같이 놀면 안돼!"

맞습니다. 저는 독한 놈입니다. 저 독하게 살기로 했습니다. 이를 악 물고 살지 않으면 저라는 놈은 그냥 무너지니까요.

나 자신과의 싸움에서 이기는 것이 얼마나 짜릿하고 기쁜지 모릅니다. 승리에 대한 기쁨을 알기에 승리하라고 하는 것 같습니다.

올림픽 선수들이 금메달을 딴 후 두 손을 들고 환호하고 기뻐하는 것을 보고 저는 공감했습니다.

금메달을 목에 걸고 환호하는 메달리스트처럼 자신과의 싸움에서 이겨서 승리하는 그 기쁨은 금메달을 딴 것 이상일 것입니다.

자신과의 싸움이 얼마나 힘들겠습니까?

저도 포기하고 싶은 마음이 수없이 들었습니다.

제가 지금에서야 제 이야기를 털어놓는 것은 저와 같은 사람들에게 제 이야기를 통해 회복되기를 소망하기 때문입니다.

저는 지금까지도 자신과 싸우고 있기에 글로 다 표현할 수 없습니다.

제가 얼마나 노력했겠습니까?

얼마나 간절히 하나님을 의지했겠습니까?

저 자신의 문제점을 알기에 저는 어떤 한 가지에 집중하지 않으면 안 되었습니다.

나 자신의 우울함 때문에 더 밝게 살아야 했습니다.

그래서 제 좌우명이 '항상 웃자'였습니다.

한국 어린이 교육선교회에서 어린이에 대한 비전을 가지고 공부하고 살아가기 시작했습니다. 행복했습니다. 기뻤습니다. 2년이 되니까 하나님이 강사로 세우시고 사용하기 시작했습니다.

오직 기도밖에 없었습니다.

무릎 꿇었습니다. 저 자신과 싸웠습니다.

"하나님 도와주세요."

아버지를 원망하고 싶은 마음이 없어졌습니다.

미워하는 마음도 없어졌습니다.

"이제는 제 마음을 지켜주세요. 주님! 하나님이 저 안 지켜주시면 저 어떻게 될지 모릅니다."

늘 간절히 외쳤습니다.

"저를 불쌍히 여겨주세요! 저를 붙잡아 주세요!"라고.

이제는 기도밖에 없고 하나님을 의지해야 되는 것을 알았기 때문입니다.

옛날에는 아버지를 원수같이 쳐다보고 죽이고 싶은 마음뿐이었지만 이제는 하나님의 사람으로 그런 마음을 가지면 안 된다는 것이 확실했습니다. 이제는 술도 안 하고 폭력적인 행동과 잘못된 마음을 다 버렸는데 더 이상 제가 타락할 수 없었습니다. 그래서 기도할 수밖에 없었습니다.

나 자신과의 싸움은 다 용서하는 것입니다. 나 자신을 먼저 용서하고 남을 용서했을 때 마음에 평안함이 옵니다.

검은 대륙 아프리카의 위대한 선교사 데이비드 리빙스턴(D.Livingstone)은 말년에 옥스퍼드 대학에서 명예박사 학위를 받았습니다. 학위 수여식에 앞서 예배 시간에 리빙스턴은 학생들 앞에서 자신의 경험담을 얘기했습니다.

"무덥고 짜증만 나는 한낮이 계속되고, 또 춥고 소름 끼치는 그 많은 밤 동안 자신과 싸움을 계속했나?"라는 리빙스턴의 말에 많은 학생들이 고개를 끄덕였습니다.

그리고 그는 "온갖 짐승의 공격과 인디언들의 방해로 당한 고통도 이만저만이 아니었다"라고 설명했습니다. 사실 그의 오른팔은 사자의 공격으로 불구가 되어 있었습니다.

연설을 마치자 한 학생이 손을 들고 일어서 질문했습니다.

"선생님! 선생님이 아프리카 생활을 잘 이겨 내도록 한 비결이 무엇입니까?" 리빙스턴은 잠시 생각에 잠기더니 입을 열어 이렇게 말했습니다.

"비결은 아무것도 없습니다. 그저 '내가 세상 끝 날까지 너희와 항상 함께 있으리라'라고 하신 예수님의 말씀과 그분의 십자가가 나를 끝까지 붙들어 주었을 뿐입니다."

홍수 이후 하나님께서는 노아와 그의 가족들에게 무지개를 보이시며 새로운 언약, 즉 다시는 그와 같은 홍수가 있지 않을 것이라는 언약을 확증해 주셨습니다.

노아는 아마도, 그 후로 고난과 역경이 생길 때마다 무지개를 통하여 보여주신 하나님의 보호하심에 큰 위로를 받고 모든 것을 이겨 나갔을 것입니다. 마치, 리빙스턴이 예수님의 말씀에 위로를 받아 용기를 얻고 아프리카에서의 고난과 역경을 이겼던 것처럼, 어떤 힘든 일도 우리는 이겨낼 수 있습니다. 제가 이겨낸 것 같이 이겨낼 수 있습니다.

23

하나님이 너를 사랑하신다

제가 힘들 때마다 생각하고 되새기는 말이 '하나님이 너를 사랑하신다'입니다. 제가 초등학교 4학년 때 어머니가 힘드셔서 어느 권사님께 기도를 받으러 가셨는데 그 권사님이 저도 누우라고 하면서 머리에 손을 얹고 기도를 해주시는데 갑자기 "하나님이 너를 사랑 한단다"라고 말씀하셨습니다.

권사님의 목소리가 큰 것도 아니었는데 하나님이 직접 말씀하시는 것처럼 들렸고 너무 큰 은혜와 감동이 되어서 제 눈에서 눈물이 조용히 흘렀습니다. 그리고 마음이 상쾌해지고 감사의 마음과 감동이 얼마나 컸는지 모릅니다.

이 세상을 창조하시고 다스리시는 전지전능하신 하나님

이 보잘 것 없는, 먼지 만도 못한 나를 사랑하신다는 것이 그렇게 고마울 수가 없었습니다.

생각하면 할수록 감사했습니다.

세월이 흘러도 '하나님이 너를 사랑하신다'라는 말만 생각하면 눈물이 흘렀습니다. 그래서 힘들고 어려움이 올 때마다 '하나님이 너를 사랑한단다'라는 말을 다시 생각하고 그때 일을 기억하면서 새 힘을 얻으며 감사드렸습니다.

'하나님이 나를 사랑하셔….'

혼자 말을 하며 마음을 굳게할 때가 많았습니다.

그리고 기도할 때는 "하나님 나 같은 죄인을 사랑해 주셔서 감사드립니다. 저는 무슨 힘으로 살아갑니까? 이제 하나님이 말씀하신 것처럼 하나님이 나를 사랑하신다는 것을 믿습니다. 그 사랑으로 살아가려 합니다. 늘 저에게 힘을 주시고 저를 사랑해 주세요"라는 고백의 기도가 이어집니다.

하나님께서 저를 사랑하시고 지켜주신다는 생각이 정말 큰 힘이 됩니다. 용기가 생기기도 합니다. 무슨 일을 할 때 하나님을 의지하게 되고 모든 일을 하나님의 덕으로 알고 살아온 것 같습니다.

하나님은 저를 너무나 소중히 여기시고 사랑하십니다. 하나님이 저를 사랑하신다는 것을 다 기록하라고 한다면 너무 많아서 할 수가 없습니다. 지금 이렇게 살아 있는 것 자체가 기적이고 하나님의 일을 한다는 것이 기적입니다. 저를 하나님이 사랑하시고 보호하시기 때문입니다. 지금 이렇게 쓰임 받고 있는 것이 하나님의 은혜입니다.

제가 실수를 해도 하나님은 제 손을 놓지 않으십니다.

제가 뿌리치려고 해도 하나님은 절대로 제 손을 뿌리치지 않습니다.

늘 변함없이 지키시고 보호해주시고 사랑해주시는 분이십니다.

$$24$$

한 우물만 파라

요즘 세대는 한 우물만 파면 안 된다고 말할지 모르지만 옛 날 속담이 틀리지는 않습니다.

저는 비전이 없었습니다.

"너 커서 뭐가 될래!"라고 물어보는 사람이 싫었고 물어보 면 "신경 쓰지 마세요"라고 답했습니다.

군 제대 후 어린이를 위한 삶을 살고 싶어서 한국 어린이 교육선교회에 들어갔습니다. 저는 한국 어린이 교육선교회 를 알면서부터 축복의 첫발을 내딛는 귀한 만남이라는 것을 알았습니다. 너무 행복했고 일하는 것이 즐거웠으며 하나님 이 저를 매일 순간순간 어루만져 주시며 이끌어주신다는 것 을 영적으로 느꼈기 때문입니다.

1990년 여름성경학교 강습회에는 몇 천 명이 넘는 교사들이 모였습니다. 저는 태어나서 이런 강습회는 처음이라 정신없이 일하면서 틈틈이 강의실에 들어가 강의를 들었습니다.

본당에 앉아있는 교사들은 재미있게 찬양과 게임을 인도하는 강사들 때문에 웃다 지쳐 자지러지는 것이었습니다. 저는 그 강사를 보면서 마음속으로 기도했습니다.

'하나님, 저도 내년에 저 강대상에 서게 해주세요.'

정말 저도 저렇게 훌륭한 강사가 되고 싶었습니다.

일 년이 지나 다시 강습회를 준비하면서 저의 비전은 늘 한결같았습니다. 놀이문화를 통한 어린이 부흥 사역이었기에 열심히 주일학교에 관련된 공부를 했습니다. 동화 구연, 인형극, 레크리에이션, 프로그램, 설교, 풍선 아트, 매직, 기타 여러 가지를 배우면서 준비했습니다.

강습회 두 번째 시간에 회장님이 저를 찾았습니다.

"네가 올라가서 강사 올 때까지 재미있게 레크리에이션을 인도해라!"

"네."

나는 눈이 오면 팔짝팔짝 뛰는 강아지처럼 신이 나서 본당 강대상으로 올라갔습니다. 떨리는 마음도 있었지만 그동안 준비한 것이 있어서 재미있게 이끌었습니다. 강사는 차가 막혀 예정 시간보다 30분이나 늦었습니다.

제게 주어진 시간은 약 30분 정도 했지만 좋은 경험이었습니다.

이 일을 통해 회장님과 다른 지회장님께서 저를 강습회 강사로 세워 주셨습니다. 그 후 전문적인 이벤트 회사에 들어가서 경험을 쌓았습니다. 이벤트 회사에서는 배운 것도 많고 좋은 시간을 보냈지만, 저하고는 맞지 않는 것 같아 그만두었습니다. 오직 교회 어린이 사역에 매달리기로 작정했습니다.

어느 날 차를 타고 지나가는데 어느 교회 외곽에 붙어있는 현수막을 보았습니다. 여름성경학교 일시와 프로그램 등이 적혀있었습니다. 저는 구경을 하고 싶은 마음에 들어갔는데 마침 젊은 청년이 나와서 레크리에이션을 인도하고 있었습니다.

뒤에 앉아서 구경을 하는데 20분 정도 하더니 레크리에이션을 끝냈습니다. 그리고 밖으로 나가는 아이들 입에서는 "어휴! 재미없어 다시는 교회에 오나 봐라!"라는 소리가 흘러나왔습니다.

저는 그 아이들의 말을 들으면서 마음속으로 다짐했습니다.

'그래. 재미있고 좋아서 오는 것이 즐거운 교회 학교를 만들자!'

교회에 오는 것이 싫어서 안 오는 일이 없도록, 재미있고 즐거운 신앙생활을 할 수 있도록 연구하고 개발했습니다. 이런 마음으로 다짐하고 사역을 준비했습니다.

그러자 한순간에 하나님께서 저를 들어 쓰셨습니다.

하루는 제주도 다음날은 포항 다음날은 인천…. 이런 식으로 매일 아니면 일주일에 한 번 이상의 강의를 다닐 수 있도록 사용하셨습니다.

되돌아보면 신기하면서도 감사한 일입니다. '일 년 후에 강사로 사용해 달라'라고 기도했던 나를 하나님이 응답해 주신 것입니다.

지면을 통해 한국 어린이 교육선교회 회장님이시자 꽃동산교회 담임목사이신 김종준 목사님께 감사의 말씀을 드립니다.

제가 신학 공부를 하는 동안 부모님께는 한 번도 등록금을 내주시지 않았습니다. 매일 새벽 4시에 일어나서 8시까지 아파트 주차장에서 차를 25대를 닦으면서 공부했습니다. 다른 계절은 괜찮았는데 겨울이 너무 힘들었습니다. 손이 트고 시릴뿐만 아니라 날씨도 어두워서 겨울이 힘들었지만 짧은 시간에 돈을 많이 벌 수 있고 오전부터 저녁까지는 시간을 활용할 수 있어서 좋았습니다.

새벽에 세차를 하고 어린이 신학 공부를 했지만 전혀 힘들지 않았습니다.

비전을 이루기 위해 준비하는 시간이기에 힘들지 않았습니다.

오히려 더 힘이 났습니다. 꿈이 있기 때문이었습니다.

새벽에 세차를 할 때 어딘가에서 흘러나오는 된장찌개 냄새는 저를 슬프게 했고 제 나이 또래의 여자가 좋은 차를 타고 학교를 갈 때는 부러웠습니다.

선배와 둘이 누우면 꽉 차는 방에서 지내면서 음식을 해먹을 수가 없었습니다. 야간 공부 후 시장에 가면 순대, 떡볶이를 파는 아주머니가 남은 음식을 싸게 주시면 그것을 사가지고 와서 저녁으로 먹고 공부를 했습니다.

그리고 이렇게 기도했습니다.

'하나님 저 나름대로 열심히 일하면서 공부하려고 합니다. 하지만 등록금이 마련되지 않으면 쉬겠습니다.'

한 번은 등록금 마감 일주일 전까지 등록금이 마련되지 않았습니다. 그래서 마음 편하게 '한 학기를 쉬어야겠다'라고 생각 했습니다.

그즈음 어느 분이 학교에 와서 저에게 학교에 대해 물어본 적이 있었습니다. 저는 너무 좋은 학교라고 자랑하고 그분과 많은 이야기를 나눴습니다. 그 후 그분이 등록을 했는지는 알지 못했습니다.

어느 날 학장님께서 찾으시기에 갔습니다.

그러자 저와 이야기를 나눈 분이 학장님께 전화를 하셔서 개인 사정으로 학교를 다닐 수 없게 되었다면서 본인 등록금을 저에게 주라고 이야기했다고 합니다. 당시 그분은 수원 삼성에 다니셨습니다.

그분이 우리 학교에 다니고 싶어 했다는 이야기를 학장님께 말씀드렸고 제 이야기를 다 들으신 학장님은 웃으시면서 그분의 등록을 저에게 옮겨주셨습니다.

지금까지 하나님께서 이렇게 이끌어 주셨습니다.

제가 결혼하고 얼마 되지 않았을 때 의정부의 김성일 목사님께서 한국 어린이 선교회 지회를 여신다고 하셨습니다. 제가 총무를 하겠다고 말씀드렸더니 "선교회는 월급이 없는데 어쩌지"라며 걱정스럽게 말씀하셨습니다. 그런데 저는 무슨 마음이었는지 아니면 하나님이 인도하시려고 그러셨는지 전혀 걱정이 되지 않았습니다.

작은 상가 2층에서 제가 직접 칸막이를 설치하고 유리창 선팅도 직접 글씨를 파서 붙였습니다. 기쁜 마음으로 시작한 선교회는 김성일 목사님이 어린이집을 운영할 수 있는 국가자격증 취득과정인 경기 북부 보육교사 교육원을 인수하는 축복을 이루었고 저는 그곳에서 5년 동안 과장으로 일했습니다.

낮에는 일을 해야 해서 야간에 신학 공부를 할 때 사랑하고 존경하는 김성일 목사님이 등록금을 대주셨습니다. 오후 4시에는 퇴근을 해야 서울에 있는 신학교까지 갈 수 있어서 매번 죄송한 마음으로 다녔습니다. 하루는 집하고 교육원도 멀고 의정부에서 서울까지 매일 다니는 것도 힘들어서 이렇게 기도했습니다.

'하나님 자동차가 필요합니다.'

그런데 기도한 지 얼마 안 돼서 어느 날 김성일 목사님이 차를 바꾸셨다며 먼저 타시던 차를 저에게 주셨습니다. 이 글을 통해 다시 한번 스승이자 늘 부러움의 대상이신 김성일 목사님께 감사 인사를 드립니다.

저는 어린이 사역을 20여 년 동안 해오고 있습니다.

제가 만든 한국 레크리에이션 교육원이 '한국예능문화협회'로 발전해서 지금은 후배인 정태성 목사가 잘 이끌고 있습니다.

교육원에서 처음으로 교사 교육 지도자 캠프를 열었는데 열심히 정성으로 준비했습니다. 저는 '100명 정도는 오겠지?'라고 생각하며 포스터를 만들고 교회마다 다니며 포스터를 붙였습니다. 그런데 1회 교사 교육 캠프에는 16명이 참석했습니다. 오래된 일이지만 예상과 너무도 달라 숫자까지 기억이 납니다.

16명은 지도자 캠프의 강사 그리고 스태프들의 숫자와 비슷했습니다. 결과는 망했습니다. 장소 사용, 강사비, 지금까지 들어간 홍보 비용 등 몇 백만 원이 마이너스였습니다.

'다시는 안 하겠다'라고 생각하면서 그래도 오신 분들을 위해 진행을 했습니다. 마지막 날 밤에 캠프파이어를 하며 삼겹살과 고구마를 구워 먹는데 너무 맛있었습니다. 그런데 식사 후 기도회를 하는데 참석한 16명이 울면서 기도를 했습니다.

전도사님과 목사님 두세 분이 "교회 학교를 어떻게 해야 할지 몰라서 너무 힘들었는데 강의를 듣고 나니 많은 도움이 되었다"라고 감사의 말씀을 하셨습니다. 다들 "이런 캠프는 꼭 했으면 좋겠다"라고 하셔서 '안 하겠다'라는 생각을 접었습니다.

'그래 하자. 내년에도 하자. 적자가 나더라도 하자. 하나님이 채워주시겠지!'라는 생각에 기도하고 준비하며 다음 해, 그다음 해에도 열심히 광고하고 애를 쓰니 하나님이 80명 정도를 채워주셨습니다.

저는 다른데 눈 돌리지 않고 한 우물만 팠습니다. 이것이 나의 비전이었고 내가 잘 할 수 있는 일이었고 신나는 일이었습니다.

맹수 조련사들이 사자나 호랑이를 길들일 때 네 개의 다리가 달린 의자를 사용한다고 합니다. 다리가 네 개 달린 의자를 사자 얼굴 앞에 들이대면 사자는 네 다리에 신경을 분산시킨다고 합니다. 신경을 분산시키면 맹수는 일종의 마취 현상을 보여 무력해진다고 합니다. 그래서 길들여지고 말을 잘 듣는다고 합니다.

　사람도 마찬가지입니다.

　여러 곳에 신경을 쓰다 보면 한 가지 일도 제대로 할 수 없습니다. 선교회에서 분야별로 자기 달란트에 맞게 한 길을 걸으신 분은 지금까지 크게 쓰임 받고 있습니다. 저에게 레크리에이션을 배우러 온 사람들 중에도 계속할 것 같이 말을 하다가 시간이 지나면 인형극을 배운다고 설치고, 한참 지나면 어린이 부흥회를 한다고 다른 사람을 쫓아다니곤 합니다. 그런 사람들은 지금 어린이 사역에서 볼 수가 없습니다.

　그러나 한 가지 꾸준히 연구하고 계속 한 길을 걸으신 분은 지금도 그 길을 걸으시고 그 부분에서 최고가 되셔서 제자도 양성하시고 큰 사랑을 받는 것을 봅니다.

　곁눈질하는 사람은 결코 전문가가 될 수 없습니다. 하나님은 오직 자기에게 주신 달란트를 잘 사용해서 개발해서 최선을 다하는 사람을 쓰십니다.

　비전을 가지면 자기 인생의 방향이 잡힙니다. 바로 제가 그랬습니다. 비전이 없으면 방황하고 망치는 인생이 되기 쉽습니다.

미래는 불확실합니다.

그러나 비전의 사람은 불확실한 미래를 자기의 삶으로, 멋진 인생으로 살아갈 수 있도록 만들 수도 있고 미리 볼 수도 있습니다.

이 비전은 하나님이 나를 통해 이루실 수 있도록 그분께 권한이 있습니다. 그분께 맡겨야 합니다.

제가 '하나님 저 어떻게 살아야 하나요?'라고 기도한 것처럼 기도하면 복된 인생으로 살 수 있습니다.

"하나님 저의 비전이 무엇인가요?"

"제가 잘 할 수 있는 것이 무엇인가요?"

"제가 무엇을 하고 어떻게 살아야 하는지요?"라고 계속 질문하고 간청하고 찾아야 합니다.

그러면 분명히 말씀드리지만 하나님이 주십니다.

25

선교원을 운영하다

청년 시절 큰 비전을 품고 넓은 세상을 보고 싶어서 서울의 대형교회에 나가겠다고 시골 교회 담임목사님께 말씀드렸더니 "너는 아이들을 좋아하니 교회 땅에 선교원을 할 생각은 없냐?"라고 물으셨습니다.

'아이들을 좋아하는 건 맞는 일이지만 경험도 없는데 잘할 수 있을까?'라는 걱정이 앞섰습니다. 그런데 이상하게도 두려움보다 '그래. 한 번 해보자!'라는 마음이 더 컸습니다. 긴장과 기대감을 안고 기도를 시작했습니다.

당시 저는 우리나라에서 남자로는 처음으로 보육교사 교육원에서 공부하고 있었습니다. 우리나라 남자 보육교사 1호인 셈입니다. 처음 생긴 이 제도는 1년을 공부하면 어린이집을 운영할 수 있는 보육교사 2급 자격증이 주어집니다.

이런 배경으로 인해 마음의 확신이 생긴 저는 결정을 내리고 "하겠다"라고 말씀드렸고 대지 400여 평에 3~40평 건물을 바라보면서 "어디서부터 무엇을 어떻게 해야 하나?"라고 기도하는데 하나님께서 지혜를 주셨습니다.

건물이 낡았으니까 벽돌 무늬의 장판을 밖에 두르고 노란 울타리를 만들었습니다. 청년들이 지극정성으로 도왔습니다. 지금 생각해 보면 너무 귀한 사람들입니다.

건물 안은 선교원 분위기에 맞게 어린이들이 좋아할 벽지로 도배를 했습니다. 노란 울타리로 담장을 친 입구에는 장미와 넝쿨을 심고 주위에는 해바라기를 심어서 가을이 되면 사진을 찍기 위해 사람들이 모여들었습니다.

또 아이들이 좋아하는 토끼, 오리, 병아리, 비둘기를 키웠습니다. 지금도 눈을 감으면 그곳으로 날아가 실제로 보는 것 같은 착각에 빠지기도 합니다. 고구마, 호박, 깻잎, 상추, 수박, 토마토, 참외, 오이, 가지 등등…. 참 많은 것들을 키웠습니다.

저는 새벽같이 일어나 해가 질 때까지 일했습니다. 신학교 동기들이 "요즘 뭐 하는데 얼굴이 시커멓냐? 농사짓냐? 해외 갔다 왔냐?"라고 물으면 빙그레 웃음으로 대답을 대신했습니다.

매일 새벽마다 선교원에 들어설 때 제일 먼저 하는 일은 바닥에 무릎을 꿇고 머리를 바닥에 댄 채 기도하는 것이었습니다. 하나님께 의지할 수밖에 없었기 때문입니다. '나를 믿고 밀어주신 목사님과 청년들, 부모 형제를 생각하면 잘해야 한다'라고 생각했습니다.

그런데 원아 모집이 생각처럼 쉽지 않았습니다. '주변에 신도시가 들어서면서 좋은 유치원들이 생겨났기에 경쟁이 될 수 있을까?'라는 고민이 생겼습니다. 차량 운행도 해야 하는데 원아들이 없으면 운전기사 집사님께 사례는 어떻게 드려야 하나? 등 여러 가지로 부족하고 걱정스러운 것들이 많았습니다.

그래서 하나님께 기도했습니다.

"하나님! 도와주세요. 하나님! 30명만 채워주세요."

아버지한테 달라고 떼쓰는 어린아이 같은 마음으로 기도를 드렸습니다.

그리고 한 명씩 한 명씩 등록을 시작했습니다. 가끔은 등록했다 포기하는 분들도 있었습니다. 그럴 때마다 또다시 기도했습니다.

"하나님, 도와주세요. 하나님! 30명만 채워주세요."

입학 예배를 드릴 때 교회 예배당 안에는 어린이들과 어머니들이 앉아있었습니다. 그런데 몇 명이 앉아있었을까요? 맞습니다. 딱 30명입니다. 정확히 30명의 어린이 그리고 아이들의 어머니와 축하하러 오신 교인들과 식구들이 앉아서 예배를 드렸습니다.

저는 정말 감사해서 눈물을 흘렸습니다.

한쪽 눈에서는 30명 채워주신 하나님께 감사하는 감격의 눈물이 흘렀고, 다른 한쪽에서는 '50명으로 기도할걸"이라는 후회의 눈물이 흘렀습니다.

선교원 앞은 논이었습니다. 겨울이면 꽁꽁 언 논에서 눈썰매도 타고, 지푸라기를 모아 불을 피워 불장난도 하고 농사지은 고구마를 캐어 구워 먹었습니다. 여름에는 아이들이 개구리와 메뚜기를 잡느라고 시간 가는 줄도 몰랐습니다. 점심시간엔 심어놓은 상추와 깻잎에 고추장을 넣어 싸 먹고, 고추랑 오이를 따서 된장을 찍어 먹었습니다. 간식으로는 토마토를 썰어서 설탕을 찍어 먹거나 심어놓은 호박으로 부침개를 해먹었습니다. 오래전 일이지만 마치 어제 일처럼 생각이 날 만큼 행복한 시간이었습니다.

기도한 대로 채워주시는 하나님을 생각하면 놀랍고 가슴이 뜁니다. 그런데 더 놀라운 일은 제가 선교원을 떠난 후에 벌어졌습니다. 2년 후 저는 선교원을 정리하고 의정부 한국 어린이 교육선교회 총무로 갔습니다. 그리고 몇 년이 지나서 선교원 위로 아파트가 들어서는데 아파트 입구와 선교원 땅이 물려 있었습니다. 아파트 측에서 땅을 팔라고 했지만, 교회 입장에서는 팔 수가 없었습니다. 그러자 아파트 측에서 "교회를 지어드릴 테니 아파트 입구 부분만이라도 팔아 달라"라고 해서 목사님이 승낙해 멋진 교회가 지어진 것입니다.

저는 이 이야기를 들은 후 깊은 묵상에 들어갔습니다.

'아! 하나님, 훌륭하시고 대단하신 하나님, 그럼 이 선교원은 교회를 세우기 위함이었군요.'

하나님은 이 땅 어느 곳에든지 교회가 세워지기를 바라시는 분이시고, 그때를 위해 우리 같은 사람들을 도구로 잠시 사용하신다는 것을 새삼 깨달으면서 다시 한번 하나님께 영광의 기도를 드렸습니다.

그 교회가 얼마나 보고 싶던지 차를 몰고 달려갔습니다. 멀리서 보이는 교회는 아름다웠습니다. 마치 하나님의 사랑과 영광이 가득 찬 것처럼 보였습니다.

저는 이렇게 기도했습니다.

"하나님, 이 교회를 통해 이 지역의 고통받는 영혼들의 치유와 회복이 있게 하옵시고 하나님의 사랑하는 어린이들이 이 교회를 통해 자라나게 하여 주시옵소서."

멀리서 교회를 보면서 지난 모든 일들이 영화의 한 장면처럼 지나갔습니다. 전지전능하신 하나님이시기에 할 수 있는 일이라고 생각했습니다.

26

천사 셋

'**지치고 상한 내 영혼을 주여 받아주소서.** 내가 주께로 지금 가오니 버림받고 깨진 나의 마음을 주여 받아주소서.

내가 주께로 지금 갑니다. 험한 세상에 날 혼자 있게 마시고 오 주여 나를 인도하소서. 거친 비바람 불어올 때 나를 보호하시고 오 주여 나를 인도하소서'

힘들 때 불렀던 찬양입니다.

전도사 시절에는 사역이 힘든 것이 아니라 먹고사는 것과 공부하는 것이 힘들었습니다. 교육원 과장으로, 교회 전도사로, 외부 강사로…. 이렇게 활동하면서 하루 24시간이 부족할 만큼 시간에 쫓겼습니다. 여러 가지의 일을 하는 것이 힘들었습니다. 아무것도 안 하고 오직 말씀 공부에만 전념

하고 싶었습니다. 남들처럼 낮에 공부하고 싶었습니다. 그래서 가정에 도움이 되는 그 귀한 교육원 과장 자리를 박차고 나갔습니다.

'사모와 둘이 어린이집을 운영하고 교회 사역하면서 살면 되겠지'라고 생각했습니다. 낮에는 사모가 어린이집을 운영했습니다. 저는 낮에는 신학 공부를 하고 수업 후에 어린이집에 와서 도와주면 된다고 생각했습니다.

그런데 1997년에 IMF가 터졌습니다. 경제적으로 어려웠던 부모들이 아이들을 맡기지를 않았습니다. 우리는 2년 정도 버티다 어린이집을 접었습니다. 가지고 있던 돈은 모두 사라지고 없었습니다. 할 수 없이 보증금 500만 원에 월 30만 원짜리 지하 방 2칸으로 이사를 갔습니다. 어머니를 모시고 아이 셋과 지내게 되었는데 정말 한숨만 나왔습니다.

저는 계속 공부를 해야 하는데 아이는 셋이나 있고…. 도저히 이대로는 못 살 것 같았습니다. 한 달 이자와 생활비가 버거웠습니다.

얼마 지나서 사모가 직장 생활을 시작하고 어머니가 아이들은 키웠습니다. 저는 기도를 드렸습니다.

"하나님 저 데려가시면 안 되나요? 이제 여기까지 제 사역과 삶을 마무리 짓고 영원한 천국에서 예수님과 함께 영원토록 함께 하고픈 마음이 간절한데…."

이런 기도를 하면서 방에 엎드려 눈물을 흘리다 잠이 들었습니다. 그러면서 제 입에서는 "그래도 하나님, 저에게 힘을 주세요! 도와주세요!"라는 애절함과 간절함이 섞인 절규하는 기도가 흘러나왔습니다. 그렇게 기도하다 잠이 들었습니다. 그런데 눈앞에 뿌연 안개가 깔리더니 천사 셋이 나타났습니다. 한 천사는 제 허리를, 두 천사는 각각 제 오른팔과 왼팔을 붙잡고 한 번에 저를 일으켜 세워주셨습니다.

너무 놀라 잠에서 깨어 벌떡 일어났다가 다시 무릎을 꿇고 기도를 하는데 하염없이 뜨거운 눈물이 흘렀습니다. 그것은 슬픔의 눈물이 아니었습니다. 행복의 눈물이었으며 감격의 눈물이었습니다.

"나를 이렇게 사랑하시는 하나님이 계신데 내가 왜?"라는 혼잣말을 하며 고개를 좌우로 흔들었습니다.

"그래 다시는 약한 마음먹지 말자! 주가 주시는 능력으로 살아가자!"라는 마음으로 더 열심히 살기로 마음먹었습니다.

그 후 하나님은 놀랍게 물질도 채워주시고 사랑해 주시고 공부도 쉬지 않게 인도해 주셨습니다. 늘 저를 돌봐주시는 것뿐 아니라 포근하게 마음까지 안아주셨습니다. 그때부터 저는 더 힘을 얻어 지금까지 힘차게 살아가고 있습니다. 정말 정신없이 살았습니다. 열심히 사역했습니다. 그럴 수밖에 없었습니다. 왜냐면 나를 사랑하시는 하나님이 천사들을 보내 저를 돕고 있는데 열심히 안 할 수가 없었고, 힘을 안 낼 수가 없었습니다.

그 이후로 전국적인 강사로 활동하면서 나름 하나님이 생활과 여유를 가지게 해주셨고, 평촌새중앙교회 교역자로 사역할 수 있도록 인도해 주셨습니다.

평촌 새중앙교회에서 교육 전도사로 교육 목사, 문화 목사, 행정 목사, 교구 목사 10여 년 동안 사역을 하고 오산새중앙교회를 개척하고 2년 후 키르기스스탄 선교사로 떠났습니다.

선교사 생활로 외국에 있다가 한국에 잠깐 들어왔을 때 아버지와 시간을 가지고 싶었습니다. 생각해 보니 지금까지 함께 소풍을 간 적이 없는 것 같아서 "아버지, 에버랜드 가보셨어요?"라고 물었더니 "그게 뭐냐?"라고 물어 보셨습니다.

2019년 8월 13일 아버지와 에버랜드에서

그래서 김밥을 싸서 어머니, 누나, 형, 아내와 큰딸, 아들

이렇게 대식구가 에버랜드로 갔습니다. 아버지께서 정말로 좋아하셨습니다. 어디를 가든지 "빨리 집으로 가자"라고 하시는 아버지께 제가 신신당부를 했습니다.

"아버지, 오늘은 밤늦게까지 있을 거니까 빨리 집에 가자고 하시면 안 돼요. 밤에 불꽃 축제가 좋으니까 그것까지 보고 집에 가세요"라고 말씀드렸더니 "알았다"라고 하셨습니다. 아버지는 여기저기 다니시며 어린아이처럼 좋아하셨고 이런 모습을 보는 저는 정말 행복했습니다.

다시 선교지로 출국하기 전날 밤에 저는 아버지의 손을 잡았습니다. 그리고 한국에 올 때마다 하는 말을 또 했습니다.

"제가 언제 올지 모르지만 늘 건강하세요. 아버지! 오늘 돌아가셔도 천국에 가실 수 있으세요?"

아버지께서는 짧게 대답하셨습니다.

"그럼."

저는 아버지의 눈을 바라보며 "그럼 됐어요"라고 말씀드리면서 꼭 안아드렸습니다.

아버지와 많은 이야기를 나눴지만 지금까지 말씀을 드리지 못한 것이 있습니다.

"아버지를 죽이려고 했습니다. 죄송합니다. 지금은 너무나 사랑하고 이렇게 가족으로 돌아와 주시고 믿음 생활해

주셔서 감사드립니다."

저는 혼자 이 말을 하며 진심으로 울면서 기도했습니다.

저는 아버지께 부탁을 드렸습니다.

"아버지, 이제 아버지가 하실 일은 기도밖에 없어요. 기도 많이 해주세요. 그래야 제가 잘 되고 형과 누나가 행복하게 살아요."

이번에도 아버지는 짧게 대답하셨습니다.

"알았다."

아버지의 부드러운 대답이 제 마음을 편안하게 했습니다.

아버지께서 자녀들을 위해 이렇게 기도했으면 좋겠습니다.

「사랑이 많으신 나의 주, 나의 하나님,

우리 자녀가 언제나 용서하며 살아갈 수 있도록

인도하여 주시옵소서.

하나님이 얼마나 많이 기다리시고 참으시고

용서하시는지 깨닫게 하여 주시옵소서.

우리 자녀들이 마음 편히 상대방을

용서할 수 있는 마음을 주시옵소서.

우리 자녀들을 도와주셔서 마음에

용서의 결심이 서게 하시고 자기 기분 내키는 대로

행동하지 않도록 지혜와 절제를 주시옵소서.

용서함으로 자신의 마음이 자유로워지고
평안함이 깃들게 해주시옵고,
이것을 깨달아 많은 사람에게
용서의 마음을 전할 수 있도록 하여 주시옵소서.

이제 악한 영에 사로잡힌 마음을
성령님께서 돌이켜주셔서
하나님이 함께하시고 하나님이 기뻐하시는
비전의 사람으로 바꿔주시옵소서.
하나님께서 도와주실 줄 믿습니다.

"그의 형제를 사랑하는 자는 빛 가운데 거하여 자기 속에 거리낌이 없으나 그의 형제를 미워하는 자는 어두운 가운데 있고 또 어두운 가운데 행하며 갈 곳을 알지 못하나니 이는 어두움이 그의 눈을 멀게 하였음이니라"(요일 2:10)

자녀들이 용서하지 못하고 어두움 가운데
걸어가고 있는 곳이 어디인지 보여주시옵소서.
우리 자녀들이 언제나 사랑과 용서의 빛 속에
살아가게 하여 주옵소서.
형제를 용서하고 친구와 다른 모든 사람도
용서하게 하여 주옵소서.

가끔 삶 속에 큰 실패로 좌절하거나 낙심할 때

자기 자신을 용서하게 하옵시고,

이 땅에서 일어나는 일과

자기 인생에서 일어나는 일에 대해서

하나님을 탓하지 않게 하여 주옵소서.

원수를 사랑하고 자기를 미워하는 자를

미워하지 않게 하시고 그를 도와주며 진정으로

사랑하게 하여 주시고 저주하는 자를 축복하며,

자기를 미워하는 자에게 선을 베풀며,

자기를 악의적으로 이용하고 학대하는 자들을 위하여

기도하는 사람이 되게 하여 주옵소서.

그래서 하나님이 주시는 모든 복을

누릴 수 있게 하여 주옵소서.

자녀들이 하나님의 충만한 용서를 체험하며

살아가게 하여 주시옵소서.

용서의 축복을 누리며 살아갈 수 있도록

도와주실 줄 믿사오며

예수님의 이름으로 기도합니다. 아멘!」

요한복음 20장 22절

목사 안수를 받기 전 기도원에서 동기들과 목회 준비와 안수를 위해 기도를 했습니다. 이때 저는 '나는 아직 부족한데…. 아직 아닌데…'라는 마음이었지만 동기들 때문에 어쩔 수 없이 참석했습니다. 하지만 저는 기도가 안 됐습니다.

어떤 동기는 유치원을 운영하는데 그 운영과 목회를 위해 기도했습니다. 벌써 개척을 준비한 동기는 그 지역과 목회를 위해 기도하는 등 모두 개척과 목회를 비롯한 여러 가지를 위해 기도하는데 저는 기도가 안 됐습니다.

저는 한숨을 쉬면서 묵상을 하다가 잠이 들었습니다.

그런데 눈앞에 하얀 안개가 깔리면서 제가 얇고 화사하고 아름다운 금 두루마리 천을 덮는 것이었습니다. 그 천의 모서리에는 이상한 글자가 적혀 있었는데 무슨 글자인지 몰라서 한참을 들여다보니 한글로 '요한복음 20장 22절'이라고 쓰여 있었습니다.

잠에서 깨어 곧바로 성경을 펴보니 "이 말씀을 하시고 저희를 향하사 숨을 내쉬며 가라사대 성령을 받으라"라고 쓰여 있었습니다.

저는 처음에 이렇게 해석했습니다.

'예수님이 나를 보고 얼마나 한심했으면 한숨을 쉬시면서 말씀하실까'라고. 성경에서 '숨을 내쉰다'는 것을 한숨으로 생각했습니다. 그러나 이 말씀의 의미는 창세기 2장 7절의 "여호와 하나님이 흙으로 사람을 지으시고 생기를 그 코에 불어 넣으시니 생령이 된지라"와 비슷합니다.

그러니까 '생령이 되어라. 성령을 받아서 살아있는 영이 되어라'라는 하나님의 말씀이었습니다. 또 한 가지 의미는 '이제 나와 호흡하자'라는 것입니다.

축구 선수들이 호흡이 맞아야 골을 넣듯이 "이제 나와 같이 호흡을 맞춰서 나아가자"라는 주님의 말씀이었습니다. 축구 선수가 동료와의 호흡으로 골을 넣어 이기면 그 영광과 기쁨은 엄청납니다. 환호하는 관중들을 보면 알 수 있습니다.

마찬가지로 예수님과 함께 호흡을 맞춰서 골을 넣으면 그 영광은 말로 표현할 수 없을 것입니다.

그런데 호흡이 맞지 않아 경기에서 지면 영광과 환호는 사라지고 고개를 숙인 채 벤치로 들어갑니다.

예수님은 왜 저를 통해 이 말씀을 주셨을까요?

이는 성령의 사람으로 충만하지 않으면 질 수 있기 때문입니다. 또 누구든지 배반할 수 있습니다. 배반뿐이 아닙니다. 지면 슬퍼하고 낙심과 절망으로 그 인생은 슬퍼지기 때문입니다.

예수님은 저를 사랑하셔서 환상을 통해 말씀을 보여주셨습니다. 그리고 성령의 속성을 너무 잘 아시기 때문에 성령을 받으라고 저에게 말씀하신 것입니다.

성령의 속성을 살펴보면 다음과 같습니다.

첫째, 격려와 인도하심이 있습니다.

변함없이 사랑해 주시고 엉덩이를 톡톡 치시면서 격려해 주십니다.

"알아. 네 마음 알아…. 조금만 힘을 내. 알았지. 아냐, 너 잘하고 있어. 그 정도면 나는 만족한단다. 잘했어! 훌륭해! 울지 말고 일어나 힘내!"라면서 말입니다.

둘째, 교정적이십니다.

전도사 때 성화가 덜되고 혈기왕성함이 넘칠 때 제 옆으로 검은 차가 깜빡이도 켜지 않고 들어와서 사고가 날뻔했습니다. 화가 나서 쫓아가 창문을 열고 소리를 쳤습니다.

"야, 운전 똑바로 안 해!"

검은 차 창문이 스르륵 열리더니 온몸에 문신이 있는 아저씨 네 명이 저를 째려봤습니다. 저는 조용히 창문을 닫고 갈 길을 갔습니다.

성령님은 저를 계속 다듬으시고 교정해 가십니다. 하나님의 사람으로 살면서 힘들어서 미치기 일보 직전일 때도 성령님은 제 마음을 다스리시고 안정을 주십니다. 모나고 삐뚤어진 부분을 성령님은 지금도 톱으로 잘라내고 끌로 다듬고 사포로 깨끗하게 문질러 주십니다.

셋째, 통제적이십니다.

저를 절제시키시고 막으시고 통제해 주십니다. 만약 성령님의 통제가 없었다면 엉뚱한 방향으로 갔을지도 모릅니다. 사고 치지 않고 죄짓지 않게 통제해 주시는 성령님께 감사와 영광을 돌립니다.

넷째, 지속적입니다.

성령 충만하신 분이라면 헌금을 주저하지 않습니다. 제가 전도사로 섬기던 부서 소년부에서 아직도 교사로 봉사하시는 분이 계십니다. 성령님은 봉사도 헌신도 전도도 지속적으로 할 수 있도록 인도하십니다.

다섯째, 지켜주십니다.

제가 어렸을 때 친구들과 노는데 어린아이가 귀찮게 방해해서 알밤을 준 적이 있습니다. 머리를 맞은 아이는 "아앙!~" 울면서 집으로 갔는데 잠시 후 제 머리 위로 어마어마한 그림자가 드리우더니 오른손에 연탄집게를 들고 왼손에는 저에게 맞은 아이를 잡고 이렇게 외쳤습니다.

"어떤 놈이 우리 아이를 때렸냐?"

아주머니의 오른손에 잡힌 연탄집게는 금방 연탄을 갈았는지 끝이 빨갛게 달아올라 있었습니다. 저는 온몸을 움직일 수가 없었습니다. 얼굴이 파랗게 질려서 아무 말도 못 하고 아주머니를 쳐다보고 있는데 어린아이가 씨익 웃으면서 저를 손가락으로 가리켰습니다. 당시 얼마나 놀랐는지 이 장면은 아직도 생생하게 기억납니다.

그리고 그 아이가 씨익 웃자 아주머니의 고함 소리가 날아왔습니다.

"한 번만 더 때려봐라. 확 쮜여버린데이!"

"죽여버린다"가 아니라 "쮜여버린다"라고 했습니다.

태어나서 처음 들어보는 언어였습니다. 그때의 충격적인 장면은 지금도 또렷이 생각이 납니다.

아이를 지키기 위해 하던 일도 내던지고 나오신 아주머니처럼 하나님께서 제 손을 꼭 잡고 계십니다. 저를 붙잡으시며 누구든지 건들지 말라고 저를 지켜주십니다. 어떤 열악한 환경 가운데에서도 지켜주십니다.

처음 선교지에 도착한 후 7년 동안 6번 이사했습니다. 그라인드에 발가락이 잘릴뻔했지만 지켜주시고 어떤 상황 속에서도 이겨내고 승리할 수 있도록 지켜주셨습니다. 앞으로도 이렇게 지켜주실 것을 믿습니다.

성령을 어떻게 받을 수 있습니까?

기도밖에 없습니다.

성령을 받으면 어떻게 됩니까?

두려움이 사라집니다.

사명을 감당하게 됩니다. 전도하게 됩니다.

사람이 비전이 있으면 악한 것은 끊게 됩니다.

비전의 사람은 행복합니다. 두려운 것이 없습니다.

비전을 이루기 위해서는 자신과의 싸움에서 이겨야 합니다.

비전이 있는 사람은 힘든 것이 없습니다.

나 자신과의 싸움은 자신을 먼저 '용서'하는 것입니다.

나 자신을 먼저 '용서'하고 남을 '용서'할 때 비전을 이루는 시작이 됩니다.

망망한 바다 한가운데서 배 한 척이 침몰하게 되었습니다.
모두들 구명보트에 옮겨 탔지만 한 사람이 보이지 않았습니다.
절박한 표정으로 안절부절 못하던 성난 무리 앞에 급히 달려 나온 그 선원이
꼭 쥐고 있던 손바닥을 펴 보이며 말했습니다.
"모두들 나침반을 잊고 나왔기에… "
분명, 나침반이 없었다면 그들은 끝없이 바다 위를 표류할 수 밖에 없을 것입니다.

우리는 삶의 바다를 항해하는 모든 이들을 위하여
그 나침반의 역할을 하고 싶습니다.
우리를 구원하신 위대한 주 예수 그리스도를 널리 전하고 싶습니다.

"하나님은 모든 사람이 구원을 받으며
진리를 아는 데에 이르기를 원하시느니라"
(디모데전서 2장 4절)

용서는 축복이다

지은이 │ 한철유 선교사
발행인 │ 김용호
발행처 │ 나침반출판사

제1판 발행 │ 2021년 4월 10일

등   록 │ 1980년 3월 18일 / 제 2-32호
본   사 │ 07547 서울특별시 강서구 양천로 583
　　　　　블루나인 비즈니스센터 B동 1607호
전   화 │ 본사 (02) 2279-6321 / 영업부 (031) 932-3205
팩   스 │ 본사 (02) 2275-6003 / 영업부 (031) 932-3207
홈   피 │ www.nabook.net
이   멜 │ nabook365@hanmail.net
일러스트 제공 │ 게티이미지뱅크
사진 제공 │ 윤영수 선교사

ISBN 978-89-318-1608-2
책번호 가-9081

값은 뒤표지에 있습니다.